A oração como encontro

Dados Internacionais de Catalogação na Publicação (CIP)
(Câmara Brasileira do Livro, SP, Brasil)

Grün, Anselm
   A oração como encontro / Anselm Grün / tradução de Renato Kirchner e Jairo Ferrandin – 12. ed. Petrópolis, RJ : Vozes, 2014.

   Título original: Gebet als Begegnung
   Bibliografia.

   5ª reimpressão, 2025.

   ISBN 978-85-326-2616-5

   1. Oração I. Título.

01-3492   CDD-248.32

Índices para catálogo sistemático:
1. Oração como encontro : Prática religiosa : Cristianismo   248.32

Anselm Grün

A oração como encontro

Tradução de Renato Kirchner e Jairo Ferrandin

Petrópolis

© by Vier-Türme GmbH, D-97359 Münsterschwarzach Abtei.
Tradução do original em alemão intitulado
Gebet als Begegnung

Direitos de publicação em língua portuguesa:
2001, Editora Vozes Ltda.
Rua Frei Luís, 100
25689-900 Petrópolis, RJ
www.vozes.com.br
Brasil

Todos os direitos reservados. Nenhuma parte desta obra poderá ser reproduzida ou transmitida por qualquer forma e/ou quaisquer meios (eletrônico ou mecânico, incluindo fotocópia e gravação) ou arquivada em qualquer sistema ou banco de dados sem permissão escrita da editora.

CONSELHO EDITORIAL

Diretor
Volney J. Berkenbrock

Editores
Aline dos Santos Carneiro
Edrian Josué Pasini
Marilac Loraine Oleniki
Welder Lancieri Marchini

Conselheiros
Elói Dionísio Piva
Francisco Morás
Teobaldo Heidemann
Thiago Alexandre Hayakawa

Secretário executivo
Leonardo A.R.T. dos Santos

PRODUÇÃO EDITORIAL

Anna Catharina Miranda
Eric Parrot
Marcelo Telles
Mirela de Oliveira
Natália França
Priscilla A.F. Alves
Rafael de Oliveira
Samuel Rezende
Verônica M. Guedes

Editoraçãoe org. literária: Ana Lúcia Kronemberger
Diagramação: Sandra Bretz
Capa: Marina Ávila
Ilustração de capa: "Pôr do sol em Lavacourt", Claude Monet
(1880, Musée du Petit Palais, Paris)

ISBN 978-85-326-2616-5 (Brasil)
ISBN 3-87868-405-3 (Alemanha)

Este livro foi composto e impresso pela Editora Vozes Ltda.

Sumário

Apresentação, 7

Introdução: A oração como encontro, 21

PARTE I: AS FASES DO ENCONTRO, 27

1 O encontro consigo mesmo, 29

2 O encontro com Deus, 34

3 O diálogo com Deus, 40

4 O silêncio diante de Deus, 53

   O silêncio como escuta, 53

   O silêncio como tornar-se um com Deus, 61

PARTE II: OS LUGARES DO ENCONTRO, 79

1 A oração recíproca, 81

2 A *lectio divina*, 93

3 A adoração, 102

4 A oração contínua, 128

Conclusão, 143

Referências, 145

Apresentação

$\mathcal{A}$ presente obra traz por título *A oração como encontro*. Trata-se, no seu todo, de uma obra com uma originalidade instigante e provocadora, situada pelo autor no interior da problemática que acompanha muitos de nós quando nos referimos à oração. Com ela, o autor visa oferecer um auxílio para todo aquele que hodiernamente se dispõe ao aprendizado e à prática da oração.

Os termos *encontro* e *oração* são os meios através dos quais temos acesso ao espírito desta obra. Estes termos, embora comuns, não indicam coisas simplesmente dadas, já conhecidas e dispostas de antemão. Nesta obra, encontro e oração apontam para uma realidade específica, que exige de nós uma atitude fundamental de abertura de quem deseja conquistar o aprendizado de uma experiência concreta e de uma compreensão adequada do que significa oração.

Fica claro, portanto, que esta obra trata da oração. A oração, como nós comumente a entendemos, é uma prática de piedade que integra o conjunto da vida cristã. Atribuímos costumeiramente à oração o caráter de um diálogo entre Deus e o homem, através do qual o homem se dirige a Deus e entra em contato com ele. Para nós, isto não é algo estranho. Pelo contrário, a oração é uma realidade na qual já sempre estamos e no interior da qual já sempre nos movemos e operamos. Porém, mesmo sendo algo comum e frequente em nossa vida cristã, a maioria de nós sente dificuldades para rezar. Em vista disto, poderíamos nos perguntar: não seria justamente pelo fato da oração ser algo já sempre conhecido por nós e pelo fato de nós já sempre sabermos o que significa rezar, ou seja, não é justamente nisto que reside a dificuldade e a problemática que envolve a oração no seu todo nos dias atuais?

Com a intenção de superar esta dificuldade corrente que encontramos no tocante à oração, nesta obra, o autor nos propõe uma compreensão e a possibilidade de uma experiência diversa da oração, ou seja, a compreensão da oração *a modo de* encontro. Oração a modo de encontro não consiste numa proposta alternativa de oração e nem pretende ser uma forma nova e criativa. Ela é apreendida do interior da mais genuína tradição na espiritualidade cristã, tendo sido cultivada pelos seus grandes místicos. Esta tradição inclui este modo específico de rezar como um elemento totalmente implicado no movimento de busca que o ser humano realiza no seu vir a ser constante, no seu tornar-se homem e homem segundo a imagem e o projeto que Deus tem para cada um em sua individualidade. Ao conceber a oração desta forma, este modo peculiar de rezar passou a integrar o modo de ser específico do homem de fé, que no seguimento de Cristo busca a sua autoconstituição crente.

A oração, feita a modo de encontro, faz parte da vida cristã como um fenômeno de transformação, pois o encontro é uma realidade que sempre nos torna diferentes do que éramos anteriormente. Na oração, o encontro nos coloca diante de um tu completamente distinto de nós mesmos. Diante de um tu podemos vislumbrar, de modo direto e imediato, o que somos e o ser de nossa identidade. No encontro com um outro, que é diverso, encontro a minha verdadeira realidade. Visto deste modo, o encontro se torna uma possibilidade de autoconhecimento, de maneira nova, verdadeira e sempre mais original de ser. Assim, se, no encontro, nos voltamos para o nosso interior e nele mergulhamos, então podemos entrar em contato com os mais diversos níveis das nossas realidades mais íntimas. Podemos nos encontrar com tudo aquilo que perfaz o nosso ser. Encontramo-nos com os nossos pensamentos, nossos sentimentos, nossas angústias e nossas paixões. Podemos nos aproximar dos lados sombrios e obscuros da nossa alma; com os nossos projetos, nossas dores, nossos ressentimentos, nossas pulsões e toda espécie de agitações internas às quais normalmente não nos referimos de forma consciente. A psicologia pode ajudar-nos na medida em que ela nos ensina que esta realidade esquecida ou rejeitada de nós mesmos também nos pertence. O estar-alienado desta realidade não quer dizer que ela não exista, pois, mesmo estando ausente, ela permanece presente, porque, embora de modo inconsciente, ela exerce uma forte influência sobre a nossa vida através dos mecanismos psíquicos que regem as ações conscientes e inconscientes da alma humana.

O encontro nos coloca em contato com todas estas realidades que perfazem o nosso ser. O encontro é contato, autoconhecimento. Encontrar-se é o mesmo que conhecer-se. E o autoconhecimento é a condição de possibilidade de conhecer a Deus. Para Evágrio Pôntico, "se queres conhecer a Deus, aprenda a conhecer-te a ti mesmo". É isso que nos ensinam os primeiros monges e também os santos Padres da Igreja. Segundo eles, conhecer a Deus é autoconhecimento. A oração é autoconhecimento e, ao mesmo tempo, possibilidade de conhecer a Deus. Na oração dá-se o encontro entre Deus e homem. Deus e homem não são duas coisas fixas, mas realidades que se desvelam a cada encontro. Ao encontrar-se com Deus na oração, o homem se vê diante de uma realidade Inacessível, o totalmente Outro dele mesmo. Na medida em que se encontra a si mesmo, desvela a sua própria natureza diante de Deus e pode ver desvelar-se repentinamente a natureza de Deus como aquele que o ama e sustenta, conforme nos testemunham inclusive as Sagradas Escrituras.

Desse modo, no fenômeno do encontro está em jogo o autoconhecimento. O autoconhecimento é, ao mesmo tempo, possibilidade de realização do ser pessoal. Isto é importante e significativo, principalmente para uma época em que as pessoas primam pela sua realização. Em outros termos, podemos dizer que a oração como encontro nos mostra que a experiência de Deus se realiza nos moldes da existência. Existência é sempre realização. É no conjunto de todo o nosso ser, no interior do caráter contingente de nossa história e da realidade mais peculiar de cada um, que aprendemos a conhecer a Deus. Na oração como encontro, toda a realidade pessoal pode mostrar-se caso nos colocarmos diante de Deus como de fato somos. No exercício da oração como encontro, tudo o que emerge em nós, e ao ser apresentado a Deus, tem a chance de ser acolhido por nós mesmos e, assim, também ser amado e transformado por ele. Para tanto, na oração, precisamos estar dispostos e nos assumir do jeito que somos diante de Deus. Trata-se de uma árdua e exigente tarefa. É por isso que, para o autor, a "oração não deve ser piedosa e sim verdadeira", pois, ao rezarmos, estamos diante de alguém que sabe tudo acerca de nós. Nada podemos esconder dele. Assim, rezar a modo de encontro permite que nos tornemos autênticos conosco mesmos, com Deus e com todas as outras pessoas.

O rezar a modo de encontro acarreta uma certa exigência: devemos colocar-nos diante da oração como quem não sabe o que é rezar. Este não saber significa, antes de mais nada, uma atitude de abertura e de disposição para o exercício e o aprendizado da oração. Neste sentido, a oração é sempre um processo de transformação, aprendizado e realização. É mesmo a autoconstituição crente. Tal processo foi denominado pela tradição cristã de conversão (*metanoein* = mudança de vida). Não consiste numa mudança de gestos exteriores, mas é um contínuo voltar-se para si mesmo. Ao voltar-nos para nós mesmos, deparamo-nos com nossas próprias pressuposições.

Uma das categorias fundamentais do pensamento moderno concebe a nossa existência como ser-no-mundo. Ela aponta para o ser humano como aquele que sempre já se encontra no horizonte de uma determinada visão de mundo. O voltar-se para si mesmo é, precisamente, o olhar para este horizonte de compreensão no qual pressupostamente sempre já nos encontramos. Trata-se de uma decisão existencial que, no nível da fé, se chama conversão, ou seja, decisão do homem de fé de sempre se examinar e tornar-se ele mesmo em relação a Deus. Assim, o encontro é conversão, no sentido de uma sempre nova reapropriação do ser de Deus numa busca de transformação de nós mesmos. Deste modo, o rezar é sempre conversão, aceitação do Deus que nos amou por primeiro, que nos toca e quer encontrar-se conosco por meio da oração.

O encontro opera um esvaziamento em nós. O contato com as realidades interiores e exteriores que compõem o nosso ser, ao serem apresentadas a Deus e, ao mesmo tempo em que são assumidas por nós, abrem um espaço para a ação de Deus em nossa vida. O desnudamento dos nossos pressupostos, das agitações causadas pelos movimentos internos provenientes dos nossos pensamentos, sentimentos e paixões, como também de todas as influências que nos sobrevêm da realidade externa a nós mesmos, nos conduz ao vazio. Vazio é um estado onde experimentamos a carência, a finitude, a necessidade de Deus. A finitude não significa uma limitação, algo a ser preenchido por alguma outra coisa. É um espaço em nós mesmos que possibilita a habitação de Deus. É um estado no qual não temos mais poder sobre nós e onde podemos sentir a presença de Deus sustentando a nossa vida. Neste sentido, rezar pode tornar-se um exercício de esvaziamento e predisposição para a aceitação de Deus como fonte e origem de todas as realidades e que faz morada no meio de nós.

A oração, feita a modo de encontro, se torna uma forma de libertação e de restituição do modelo do ser humano desejado por Deus para cada um de nós. O contato conosco e a apresentação a Deus de tudo o que temos e somos liberta o ser humano da sua alienação. A grande alienação do ser humano é o esquecimento de sua realidade interior. O que permanece alienado não pode ser transformado, nem iluminado, nem acolhido e amado por Deus. Deus não pode agir ali onde algo se encontra afastado e esquecido de nós mesmos. A libertação e a cura do mundo interior é ao mesmo tempo restituição do verdadeiro ser do homem diante de Deus. Sim, pois toda esta realidade que exerce influência sobre a nossa vida, quer advenha de fora ou de dentro de nós mesmos, e que costumeiramente nos define, é transposta e transformada, de modo que, para além dela, está o que o ser humano é em sua essência: pronunciamento da Palavra criadora de Deus, que, desde o começo, do nada chama à existência. Na oração, o ser humano é determinado de modo novo, conduzido à sua origem primeira e ao Deus criador, o qual determina o ser de todas as coisas.

Este modelo de oração a modo de encontro – cultivado desde o cristianismo mais original –, se dá a nível de uma experiência. Visto desta maneira, a oração deixa de ser um elemento complementar da vida e da piedade cristãs para transformar-se em algo muito mais fecundo. Ela possibilita uma experiência de Deus em nossa vida. Deus deixa de ser algo afastado e esquecido das dimensões do nosso existir para se tornar conhecido no âmbito da nossa realidade mais elementar. Pois Deus deixa encontrar-se somente para quem está na dimensão desta busca. Encontrar a Deus não significa conhecer alguns dados e informações sobre ele. No encontro, Deus se mostra de modo muito pessoal e, não raras vezes, de modo diverso de como o concebemos através de algum conhecimento formal que possamos ter tido a seu respeito. Na oração como encontro, Deus não se dá a modo de informação e, sim, como aquele que sempre nos ama e cuida misericordiosamente de nós. O que está em jogo é justamente um modo de ver repentinamente a Deus, como aconteceu a Jó, pois nestas palavras trouxe à fala a sua experiência pessoal de Deus: "Antes eu te conhecia por ouvir falar, mas agora meus olhos te viram e vejo-te como és" (Jó 42,5).

A oração como encontro, portanto, não aparece como algo já pronto e acabado. Significa e é um grande desafio. Entretanto, cada um de nós pode ter acesso a esta experiência orante a partir do que nos foi legado pela tradição cristã. Toda e qualquer forma de oração pode ser feita a modo de encontro. E cada pessoa pode descobrir seu modo próprio de rezar a partir dos passos apresentados neste livro. Estes passos apontam para uma experiência, permitindo que cada pessoa, nas situações mais diversas em que possa se encontrar, tenha a possibilidade de encontrar a Deus. Todavia, é importante que estes passos sejam feitos verdadeiramente com cordialidade e abnegação. Assim, pode-se abrir uma chance de experimentar a Deus na experiência humana, em suma, na situação existencial em que cada um de nós mesmos sempre já se encontra inserido

Enfim, cabe ressaltar, mais uma vez, que o caráter demasiadamente pessoal que pode ser atribuído a este modelo de oração não diz respeito a uma oração intimista, subjetiva ou teórica. Este modo de rezar não visa também ser uma fórmula para uma possível aplicação prática posterior. *A oração como encontro* procura acenar para a gênese de qualquer processo de transformação, seja ela pessoal ou coletiva. É necessário, portanto, não tomar esta obra como sendo o fornecimento de novos dados ou informações acerca do que nós já sabemos sobre a oração. Visto sob esta ótica, esta obra é plenamente dispensável. O fundamental é dirigir-se a ela com a disposição pobre de quem não sabe o que é rezar e que deseja extrair a originalidade da espiritualidade cristã da sua fonte: a encarnação de Cristo.

Buscando transpor esta espiritualidade que orientou a vida cristã ao longo dos séculos para categorias e conceitos do pensamento atual, ela adquire agora, de novo e de modo novo, a chance de ser reapropriada pela experiência de fé no contexto religioso atual e no qual o homem de hoje convive com a ausência da presença de Deus. Desse modo, ao situar a oração no interior do fenômeno do encontro, o autor remete a uma condição comum do ser humano, que é a sua humanidade. Neste sentido, a humanidade, considerada muitas vezes como adversária de Deus, torna-se o lugar da sua experiência libertadora.

Estas considerações a título de apresentação desta obra pretendem única e despretensiosamente apontar para um perigo e uma preocupação frequentemente presente, qual seja, de nós nos dirigirmos a uma determinada realidade a partir de determinados pressupostos e não desde onde a própria obra nasce e se desenvolve. Desta forma, a intenção é que estes elementos iniciais nos disponham a uma atitude de quem deseja vislumbrar algo que é sempre maior que nós mesmos. O leitor tem em mãos mais uma obra de um autor que vem se tornando um dos maiores mestres da espiritualidade contemporânea, principalmente pelo fato de nos ajudar a ter acesso a uma espiritualidade concreta e compromissada com nossa vida. Enfim, você leitor tem em mãos uma instigante e provocadora obra, proveniente não de uma realidade espiritualista alheia da vida, mas justamente a partir dela, ou seja, a partir de uma realidade que abre a possibilidade de uma clara e renovadora relação conosco, com os outros e com Deus.

Jairo Ferrandin

Introdução: A oração como encontro

"*A* oração é essencialmente um diálogo". É assim que o filósofo da religião G. van der Leeuw define a oração[1]. A oração é um diálogo do homem com Deus. Este conceito é certamente importante e indispensável. No entanto, pode também facilmente conduzir a incompreensões e dificuldades. De fato, o diálogo com Deus se dá de modo diverso do diálogo com um amigo. Não escuto a Deus do mesmo modo que escuto um amigo. Pois Deus não me oferece respostas assim tão claras como eu as espero de um amigo. Muitos experimentam a sua oração não como um diálogo, senão como monólogo, e se perguntam se, ao rezarem, não estariam se dirigindo a uma parede vazia. Para outros, torna-se difícil encontrar

---

1. SCHÜTZ, Ch. "Gebet". *Praktiches Lexikon der Spiritualität*, Friburgo, 1988, p. 436.

as palavras para começar a dialogar. Para eles, é cansativo rezar, e frequentemente desistem disso porque não sabem nem o que dizer nem como falar com Deus. A fim de estar mais eficazmente à altura dos problemas que muitos encontram na oração, gostaria de introduzir – neste breve tratado – um outro conceito de oração que me parece ser mais útil: a oração como encontro.

A filosofia moderna tem refletido de modo novo acerca do mistério do encontro, particularmente Martin Buber, que na sua obra *Eu e tu* coloca o "tu" do encontro como ponto de partida do processo que conduz ao encontro consigo mesmo. Ele escreve: "Torno-me eu no tu; tornando-me eu, digo tu. Toda verdadeira vida é encontro"[2]. Seguindo Buber, outros filósofos escreveram acerca do processo do encontro, como Steinbüchel, Bollnow e Ebner, por exemplo. Steinbüchel descreve assim o mistério do encontro:

> Para mim, o tu torna-se a graça que se concede ao meu eu, a bênção que me é doada. O tu delimita o meu arbítrio, mas ele desvela também a minha interioridade;

---

2. BUBER, M. "Ich und Du". *Schriften zur Philosophie*, 1º vol., Munique, 1962, p. 85. Tradução brasileira: *Eu e tu*. São Paulo: Cortez e Moraes, 1979.

tudo aquilo que está adormecido em mim e que eu agora coloco à disposição do tu. Eu vivo como eu a partir da graça do tu... todo o meu eu possui a sua realidade somente nesta relação com o tu; esta relação com o tu é minha realidade. O encontro com o tu é um transcender, uma superação do meu eu confinado em si mesmo e um modo do eu dirigir-se aos outros[3].

Todavia, para Steinbüchel não existe somente o encontro do homem com o homem, mas também aquele do homem com Deus. Como Scheler, Steinbüchel caracteriza o homem como "o ser que transcende cada forma de vida e nisso também transcende a si mesmo". O homem é, por isso, "a intenção e o gesto da transcendência mesma, o ser que reza e procura a Deus". O homem não reza somente por si mesmo, mas, na totalidade do seu ser, ele é "a oração da vida para além de si mesma" (STEINBÜCHEL, 1949: 75). "No encontro, o Deus distante se aproxima de mim. Ele permanece o Outro, o 'totalmente' Outro em relação a mim e tudo o mais além de mim; ele permanece Deus e eu permaneço homem. Porém, ele se torna o meu tu, o meu Deus e o meu tudo. Como aconteceu com

---

3. STEINBÜCHEL, Th. *Christliche Lebenshalgtungen in der Krises der Zeit und des Menschen*, Frankfurt, 1949, p. 54. Nos quatro passos da oração seguimos os estímulos do metropolita Antônio. *Lebendiges Beten. Weisungen*, Friburgo, 1976, p. 130s.

Agostinho que, com toda a sua reverência para com o Deus sublime, ainda conseguiu rezar ao Deus íntimo que havia se tornado o Deus do seu coração. Deus é o Outro e, todavia, é aquele que, estando presente, está mais próximo de mim do que eu estou de mim mesmo. Em toda a sua distância é, para mim, o primeiro e mais precioso companheiro de vida, ao qual posso sempre retornar como ao meu verdadeiro tu, mesmo quando sou desiludido pelos homens" (STEINBÜCHEL, 1949: 79s.).

O homem chega a si mesmo somente no encontro com o tu, com o tu do homem, mas também com o tu de Deus. O encontro é um acontecimento que transforma aqueles que se encontram. Depois de um encontro, passamos a ser diferentes de como éramos antes. Mas o processo de encontro não é fácil de ser apreendido conceptualmente. É um mistério. Em um encontro verdadeiro, chego sempre ao mistério da minha própria vida, ao mistério do outro e ao mistério de Deus. No encontro acontece a transformação para aquilo que é autêntico. No encontro com Deus, o homem entra propriamente em contato com seu ser verdadeiro, com o seu núcleo mais íntimo. Consequentemente, o encontro é sempre um dom gratuito. Não é um produto do meu esforço pessoal. E, da mesma forma que o encontro é um mistério e um dom gratuito, podemos descrever melhor o fenômeno da oração do que com o conceito de diálogo que faz referência demasiada às palavras. A oração como encontro do homem com Deus é para nós sempre um dom da graça de Deus em nós e não mérito nosso. Deus mesmo vem ao nosso encontro por pura graça. Nós podemos encontrá-lo somente porque ele quer nos encontrar, porque está presente e espera que também nós estejamos prontos para encontrá-lo.

A Bíblia descreve, em muitos episódios, o que se transforma no homem quando ele encontra a Deus ou a Jesus Cristo. No encontro com Deus, os profetas encontram o seu caminho, e descobrem uma nova consciência de si próprios. No encontro com Jesus Cristo, os homens encontram a salvação, se constituem, encontram a coragem de dizer sim a si mesmos e descobrem a sua dignidade inviolável. No encontro com Jesus, os pecadores se sentem aceitos por Deus e podem também, com isso, aceitar a si mesmos. Repentinamente, eles se encontram livres para colocar-se diante de Deus e dividir os seus bens com os pobres (cf. Lc 19,1-10). No encontro entre Maria e Isabel, Lucas nos mostra como os homens se transformam através do encontro. Primeiramente, Maria deve deixar a própria casa, deve abandonar tudo quanto a protege e tudo aquilo com que pudesse vir a se esconder. Deve sair de si mesma e andar sobre as montanhas, sobre os montes de seus próprios escrúpulos e de seus próprios medos, sobre os montes dos preconceitos e muralhas entre si mesma e Isabel. Ela pode levar consigo somente a si mesma. Deve ser completamente si mesma, sem nada que a proteja para poder aproximar-se totalmente do Outro e poder encontrá-lo. Pois quando encontra Isabel e a saúda, a criança salta no ventre de Isabel. Isabel torna-se si mesma e entra em contato com o seu núcleo genuíno, com o seu verdadeiro ser, com a imagem que Deus tinha feito dela. E, ao mesmo tempo, Isabel reconhece o mistério de Maria. Ela se volta para Maria e lhe explica como vê a sua vida. E Maria responde com o *Magnificat*, no qual traz à fala o mistério da sua vida que vem de Deus. A sua oração termina com o louvor a Deus, num estupendo louvor ao Deus misericordioso e criador. Em Lucas, que descreve tudo isso de forma maravilhosa, nós aprendemos este movimento do encontro como sendo o fundo para as quatro fases características do encontro na oração.

PARTE I

AS FASES DO ENCONTRO

1 O encontro consigo mesmo

*P*ara poder encontrar a Deus, devo antes de tudo encontrar a mim mesmo. Devo estar consciente de mim mesmo. Contudo, normalmente, eu não estou. De fato, se me observo, descubro que os meus pensamentos vagueiam de um lado para outro; descubro estar em alguma parte com os meus pensamentos, mas de não estar consciente de mim mesmo. Não tenho nenhum contato comigo mesmo; os pensamentos me arrancam de mim mesmo e me conduzem para outro lugar. Não sou eu quem pensa, mas, ao contrário, pensa-se impessoalmente em mim, de modo que os meus pensamentos se tornam independentes e ocultam o meu verdadeiro eu. O primeiro ato da oração é que devo entrar antes de mais nada em contato comigo mesmo. Isto nos foi ensinado de novo pelos padres da Igreja e pelos primeiros monges. Cipriano de Cartago escreve: "Como podes pretender que Deus te escute, se tu não escutas a ti mesmo? Tu queres que Deus pense em ti, quando tu mesmo não pensas em ti" (*Quomodo te audiri a Deo postulas, cum te ipsum non audias? Vis esse Deum memorem tui, quando tu ipse memor tui non sis*). Se não estás consciente de ti mesmo, como podes pretender que Deus esteja de ti? Se eu não estou em casa, também Deus não pode me encontrar, se ele quisesse vir a mim. Escutar a si mesmo significa, antes de tudo, escutar ao seu verdadeiro ser, entrar em contato consigo mesmo; mas significa também dar ouvidos aos próprios sentimentos e necessidades, a tudo aquilo que se agita dentro de mim. Escutar a si mesmo, entrar em contato consigo mesmo e com as próprias necessidades mais íntimas, é, para Cipriano, a condição necessária para se entrar em contato com Deus na oração.

A oração não é uma fuga piedosa de si mesmo, senão um encontro sincero e impiedoso consigo mesmo. Evágrio Pôntico assim escreve: "Se queres conhecer a Deus, aprende primeiramente a conhecer a ti mesmo"[4]. Esta não é uma psicologização da fé, porém uma condição necessária da oração. Se me lanço rapidamente à fuga atra-

---

4. EVÁGRIO PÔNTICO, *Patrologia Grega* (PG) 40, 1267.

vés de palavras ou de sentimentos piedosos, a oração não me conduz a Deus, mas somente aos amplos espaços vazios da minha fantasia. Devo primeiramente escutar a minha interioridade com toda a honestidade. No encontro com Deus, devo antes de tudo encontrar a mim mesmo. E nós não podemos dizer que coisa ocorre por primeiro: se o encontro consigo mesmo como condição para o encontro com Deus ou o encontro com Deus como condição para o encontro consigo mesmo. Ambas as coisas pressupõem-se umas às outras e se aprofundam reciprocamente. Todavia, encontrar a mim mesmo não significa girar continuamente ao redor de mim mesmo e dos meus problemas ou analisar a minha situação psíquica, mas defrontar-me com minha verdadeira identidade, encontrar a via que conduz ao meu eu, ao meu verdadeiro núcleo pessoal.

O problema reside no modo como eu posso proceder até chegar ao ponto de poder pronunciar verdadeiramente a palavra "eu". Um meio consiste em perguntar-se continuamente: quem sou eu? Então receberei espontaneamente as respostas ou as imagens. E a cada resposta replico assim: não, este não sou eu, esta é somente uma parte de mim. Eu não sou aquele que os meus amigos acreditam que eu seja, não sou aquele que eu mesmo acredito que seja. Não me identifico com o papel que represento diante de quem me conhece, e menos ainda com a máscara com a qual me revisto diante dos estranhos. Posso observar que na Igreja me comporto de modo diverso de como ajo no trabalho; e, estando em casa, de modo diverso de quando estou em público. Quem sou eu verdadeiramente? Não me identifico sequer com os meus sentimentos e com os meus pensamentos. Os pensamentos e sentimentos estão dentro de mim, porém não absorvem completamente o meu eu que pode ser encontrado para além de qualquer forma de pensamento ou sentimento. Não podemos definir nem fixar este eu. Porém, se continuarmos a nos aprofundar sempre mais em nós mesmos colocando-nos as perguntas, teremos uma ideia do mistério do nosso próprio eu. Este eu inclui algo mais do que a mera distinção em relação aos outros, mais do que o núcleo pessoal consciente, mais do que o resultado da história da minha vida. O eu significa: sou chamado por Deus pelo meu nome, com um nome inalienável. Sou uma palavra que Deus diz somente dentro de mim. O meu ser não consiste na minha capacidade, no meu saber e muito menos no meu sentir; todavia, ele se constitui na palavra que Deus diz somente em meu interior e que neste mundo pode ser percebida somente dentro de mim e através de mim. Assim, encontrar-se a si mesmo significa ter ideia daquela única palavra de Deus em mim. Deus já falou através de minha existência, pronunciou sua palavra em mim. Rezar, enquanto um modo de encontrar a si mesmo, significa encontrar Deus no seu mistério mais profundo, aquele Deus que voltou-se para mim e que se manifestou em meu interior.

Um outro meio para encontrar o próprio eu pode estar relacionado à própria respiração. Quando expiro, me dou conta de que abandono todas as máscaras e papéis, tudo aquilo que altera o meu ser. E, quando inspiro, imagino que o Espírito de Deus entra em mim e deixa crescer o núcleo verdadeiro, a essência não falseada como acontece com um broto ainda intacto. Pois quando inspiro, entro em contato com meu núcleo mais íntimo, com o eu verdadeiro, com a imagem que Deus formou de mim. Também neste caso não consigo fixar o eu; ao respirar sinto somente ter descoberto o mistério que constitui minha unidade. Se quero encontrar a Deus, devo ao menos ter-me aproximado um pouco mais do meu verdadeiro eu; devo ter pelo menos uma certa noção de quem sou eu realmente.

2 O encontro com Deus

A segunda fase da oração é o encontro com Deus. Frequentemente acreditamos já conhecer a Deus de longo tempo. De fato, rezamos dirigindo-nos a ele há muito tempo. Ouvimos falar bastante dele até agora e podemos ter uma noção de quem ele é. No entanto, corresponde ao Deus verdadeiro aquilo que nós sabemos de Deus? Ou projetamos em Deus somente os nossos desejos e os nossos anseios? As imagens que temos de Deus nascem somente da nossa formação ou das fantasias do nosso coração? Por um lado, precisamos das imagens para representar Deus e para poder encontrá-lo. Mas, por outro lado, devemos continuamente superar estas imagens e dirigir-se ao verdadeiro Deus. Não devemos representar-nos Deus como um ser simpático, como um amigo ao qual damos um tapinha nas costas. É o Deus infinito, o criador do mundo. Podemos pensar Deus somente na dialética dos opostos. Deus é o criador infinito, mas é também aquele que se preocupa comigo e olha para mim com amor. Deus é aquele que criou o imenso universo, mas está também dentro de mim e se lança muito mais profundamente em mim mais do que eu mesmo poderia fazê-lo. Deus é o Pai misericordioso que me acolhe com o seu amor, mas é também o Senhor, diante do qual não me resta mais nada a não ser prostrar-me humildemente. Conheço bem a Deus porque ele se revelou a mim e porque o encontro dentro de mim; mas, ao mesmo tempo, é aquele que é o totalmente outro, indisponível e incompreensível, aquele que coloca sempre em dúvida todos os nossos princípios teológicos. Se desejamos encontrar verdadeiramente este Deus e não mais somente os conceitos da nossa teologia, então é possível que suceda alguma coisa similar ao que aconteceu a Jó, que depois de lutar com Deus deve reconhecer: "Eu te conhecia somente por ter ouvido dizer; mas agora os meus próprios olhos te veem. Por isso, eu me retrato e me arrependo, eu me retrato sobre o pó e a cinza" (Jó 42,5-6).

As imagens que nós nos fazemos de Deus são como aberturas através das quais olhamos numa reta direção.

Mas Deus se encontra além destas imagens. Não se pode definir Deus por meio destas imagens. Ele é sempre o totalmente outro, o inexplicável; é o mistério por antonomásia[5]. Quando começamos a rezar, torna-se oportuno penetrar no mistério de Deus pela escuta, superar todas as imagens que tenhamos feito dele e ter uma ideia do Deus que é sempre maior. Também neste caso não chegaremos ao ponto de poder definir a Deus, mas nos tornaremos mais sensíveis ao mistério do Deus que queremos encontrar na oração. Quando rezo no silêncio do quarto do meu convento, às vezes me assaltam dúvidas: tudo aquilo que crês ser concernente a Deus corresponde propriamente à verdade ou é fruto somente da tua imaginação? Ou te é conveniente imaginar assim porque é bonito, porque te permite viver bem, pregar ou escrever ainda melhor? Quando emergem tais dúvidas, procuro analisá-las nos mínimos detalhes. Digo a mim mesmo: sim, pode ser que tudo isto seja somente fruto da minha imaginação; toda a literatura religiosa é apenas fruto da imaginação, serve para confortar o homem, a fim de que possa viver melhor; é uma ilusão para fechar os olhos di-

---

5. Do grego *antonomasía* – através do latim *antonomasia* –, é a substituição de um nome próprio por um comum ou diz respeito a uma perífrase. Também pode estar referido à pronominação ou a um cognome.

ante da amarga realidade. Se, no entanto, analiso a situação detalhadamente, nasce dentro de mim uma certeza profunda: não, a vida humana não pode ser assim absurda. Não posso imaginar simplesmente que todos os santos tenham seguido somente ilusões e que toda a cultura seja somente um calmante. Trata-se do problema fundamental se os homens podem conhecer algo da verdade ou se devem perambular na escuridão e criar uma ilusão à sua medida. Mas, então, tudo é absurdo. Se aceito esta absurdidade, não somente experimento uma certeza íntima, mas opto também pela alternativa da fé; quero apostar nesta carta. Quero seguir um santo como Agostinho e não os céticos que encontram a sua filosofia de vida no absurdo da existência. E, assim, a oração terá uma nova dimensão para mim. Posso dirigir-me à origem primeira do ser, à causa primeira de toda a criação como a um tu. Posso falar a este tu que se oculta de forma velada no mundo visível. Sim, este Deus, este tu misterioso que me interpelou por primeiro. Ele é uma pessoa, alguém que me ama, alguém que desvelou o ser e com a sua palavra me revelou uma ideia do seu mistério.

Mas, ao mesmo tempo, o problema moderno da ausência de Deus me coloca em dificuldades. Hoje, não podemos mais ser tão ingênuos para falar de Deus como se fazia no passado. Nós experimentamos que até mesmo a teologia tem falado da morte de Deus. Voltar a atenção a Deus significa suportar a sua ausência e, todavia, acreditar também na sua proximidade, crer estarmos envolvidos por sua presença amorosa e salvadora e crer que ele esteja no nosso coração. Para nós, encontrar a Deus significa termos atravessado as dúvidas do nosso tempo e, depois de tê-las ultrapassado, ter fé no Deus que nos foi revelado em Jesus Cristo e que revelou seu coração em Cristo. É um coração humano que se mostra em Cristo, um coração que podemos compreender no meio da incompreensibilidade deste mundo. O problema de Deus que a modernidade colocou de modo mais radical do que no passado poderia fazer-nos mais sensíveis, o que significa poder encontrar aquele Deus misericordioso, este Pai de Jesus Cristo. As dúvidas que temos nos mantêm vivos quando buscamos o verdadeiro Deus e nos impedem de estar satisfeitos de uma maneira demasiadamente apressada em nossa relação com Deus. Devemos continuamente voltar a adentrar-nos no mistério de Deus. Muitas vezes, durante a oração, paro e me pergunto: mas isto, o que quer dizer realmente? O que é Deus na sua realidade? E então procuro confrontar as minhas perguntas e minha busca com a imagem de Jesus Cristo. Em Jesus é visível este Deus inapreensível; nele o incompreensível se tornou compreensível. Desse modo sou capaz de suportar, na dúvida, as palavras que Jesus pronuncia no Evangelho de João: "A Deus ninguém jamais viu. O Filho único de Deus, que está junto do Pai, foi quem no-lo deu a conhecer" (Jo 1,18). "Quem me viu, viu o Pai" (Jo 14,9). Quando escuto a Deus, confronto-me com o mistério de Jesus Cristo. E quando analiso este homem Jesus de Nazaré minuciosamente, adentro no mistério de Deus. Somente posso compreender Jesus se reconheço Deus como sua origem primeira. Esta tensão é parte essencial da oração: analisar pormenorizadamente as dúvidas e confrontá-las com Jesus Cristo; ou então, olhar para Jesus Cristo e nele experimentar Deus.

3 O diálogo com Deus

A terceira fase da oração consiste naquilo que mais comumente denominamos como oração: falar com Deus. Neste caso, algumas pessoas imediatamente se perguntam: que devo dizer a Deus, uma vez que ele sempre sabe tudo. Deus certamente sabe tudo e não tem necessidade da minha oração, mas eu necessito dela. Experimento um benefício pelo fato de poder dirigir-me a Deus comunicando-lhe as minhas necessidades mais íntimas como também minhas ideias. Nós podemos imaginar o que significaria poder dirigir-se somente aos homens e não a Deus, que é a origem primeira de todo o ser. Finalmente, seria impossível chegar à compreensão de nós mesmos, pois os homens não podem facilitar respostas às nossas questões últimas. Podem dar-nos um pouco de compreensão e de proteção, mas no fundo nos deixarão sozinhos com as nossas ideias e com nossos anseios mais íntimos. Assim viveremos num mundo frio e incompreensível. A oração nos fornece – em meio à nossa existência pouco familiar e pouco confortável – a sensação de proteção, de sermos compreendidos e aceitos. Com as nossas perguntas devemos voltar ao único que tem a capacidade de nos fornecer respostas. Por exemplo, nenhum homem pode responder à pergunta sobre o sofrimento e a morte dos inocentes. No entanto, nós não vivemos na esfera do absurdo; pelo contrário, podemos nos voltar a Deus, que é a origem primeira do mundo.

Mas o que devo dizer a Deus? Devo dizer-lhe tudo aquilo que aflora dentro de mim. Devo trazer à fala a minha vida como ela é em sua concretude. Posso relatar a Deus os encontros com os outros, daquilo com que me ocupo no momento dos problemas e das desilusões, das alegrias e dos acontecimentos prazerosos, das angústias e preocupações e da minha esperança. A oração não deve ser piedosa; basta que seja sincera, pois deve apresentar a minha vida a Deus como ela efetivamente é. Para este fim, pode ser útil traduzir em palavras aquilo que me vem à mente, sejam elas palavras interiores ou mensagens verbais concretas. Um bom exercício é obrigar-se a falar em voz alta com Deus por meia hora. Neste caso, posso começar com a pergunta: Deus, o que pensas verdadeiramente de mim? O que dizes de mim e das minhas ações? Ou poderei perguntar-me o que devo dizer a este Deus, no intuito de que aquilo que digo corresponda à minha verdade. Neste caso, devo obrigar-me realmente a continuar falando por meia hora. Se Deus se distancia de mim, eu falo com ele a respeito disso. Se me enraiveço, lhe falo do mesmo modo. E se nada mais me vem à mente, então falo com Deus de todas as outras coisas que me importam mais que ele. Uma oração deste tipo não é por certo um exercício de todos os dias, o que seria uma contínua tagarelice. De vez em quando e, sobretudo, quando dentro de mim reina a confusão ou o vazio, é uma ajuda eficaz. Eu mesmo não gosto de fazer este exercício espontaneamente. Mas quando me decido a fazê-lo, experimento que ele me faz bem. A princípio disponho de palavras e fórmulas suficientes para tornar interessante a minha oração. Todavia, cedo ou tarde, chega o momento no qual não posso mais confiar em minhas fórmulas e sinto que devo dizer a verdade da minha vida a Deus. Aí devo dizer honestamente o que agita o meu coração. A oração termina sempre de maneira diversa do modo que eu esperava. Obriga-me à verdade. Não posso mentir a Deus. Devo dizer-lhe como realmente é minha situação. Não é suficiente relatar-lhe tudo o que é possível; devo comunicar-lhe a minha verdade mais profunda. Somente então a oração me libertará, porque somente a verdade pode nos libertar.

Uma outra possibilidade consiste simplesmente em sentar-se diante de Deus e deixar que surja em nós aquilo que aflora espontaneamente. Neste caso, não devo procurar as palavras para descrever aquilo que se passa em mim. De fato, para determinadas ideias e sentimentos, faltam-me as palavras adequadas. Às vezes, tenho uma sensação generalizada sem poder formulá-la. Todavia, quando me sento diante de Deus e o olho, aflora espontaneamente dentro de mim tudo aquilo que é importante. De modo particular, desperta em mim aquilo que não vai bem. Evágrio diz que não existem orações dignas deste nome, nas quais eu não me embata também com meus erros. Não devo andar à procura dos meus erros e meus pecados. Ao olhar para Deus, eu mesmo descubro aquilo que não ia bem. A oração é, pois, o lugar onde me encontro desprotegido, diante de Deus, onde não existem obstáculos entre mim e ele; onde não existem palavras ou orações pré-formuladas. Pelo contrário, sou eu a entregar-me a mim mesmo. Isto me obriga a ir ao encontro da verdade. Durante o dia nasce dentro de mim a ideia de que aquilo que faço não é completamente justo, que não estou na verdade, que não estou completamente presente, e dou a entender que há alguma coisa ou que existe uma dimensão completamente distinta em minha vida. Porém, reprimo estas ideias, dirigindo-me ao trabalho ou a outros pensamentos. Existem, de fato, mil maneiras para fugir diante destas ideias interiores. No entanto, tenho a sensação de uma camada de poeira que se deposita sobre minha interioridade, estando eu a sufocar-me debaixo desta poeira. Na oração, entendida como existência não protegida diante de Deus, esta camada de poeira é levantada com um sopro e a verdadeira qualidade do meu coração é trazida à luz. Assim entro em contato com o mais profundo da minha alma.

No drama da peça teatral *O sapato de cetim* (*Der seidene Schuh*)[6], Paul Claudel, por meio da fala de Dona Proeza, diante da pergunta "com o que devo rezar?", responde: "Tudo aquilo que nos falta nos é útil para a oração. O santo reza com a sua esperança; o pecador com

---

6. CLAUDEL, Paul. *O sapato de cetim*. Petrópolis. Vozes, 1970 [tradução de Maria Jacintha; coleção Diálogos da Ribalta, vol. XXXV].

seus pecados". Quando rezamos a Deus devemos oferecer-lhe tudo aquilo que nos falta: o nosso anseio, a nossa insuficiência em nossos confrontos e a nossa vida. E devemos entregar a Deus os nossos pecados, os nossos lados sombrios. A oração pode nos libertar somente se permito que Deus olhe também para meus abismos, para aquilo que reprimo e excluo da minha vida, para as tendências assassinas do meu coração, para a falsidade e obscuridade, para as paixões da alma, para os desejos e necessidades que jazem debaixo da superfície. Na oração, estou livre para exprimir o meu medo e o meu desespero; estou livre para mostrar a Deus todos os estados de alma e as sensações que eu mesmo não consigo explicar. É-me concedido desnudar aquilo que procurei reprimir, aquilo que eu mesmo não queria aceitar, porque atacava a minha honra e destruía a imagem idealizada que eu inconscientemente possuo de mim mesmo. Diante de Deus, devo agir de modo que tudo se revele, sem ter que justificar-me ou desculpar-me, sem nem mesmo exprimir um juízo a este respeito. Devo abrir os meus abismos, a fim de que a luz de Deus possa iluminá-los e fazendo com que assim eu possa habitar ali. Somente se entrego tudo a Deus, a oração me libertará. Não devo ter medo de nada daquilo que está dentro de mim. Pode ser qualquer coisa, mas deve ser inserida na relação com Deus. Aquilo que excluo do encontro com Deus faltará à minha vitalidade e será também excluído da minha vida. Assaltar-me-á pelas costas e me trará danos em vez de intensificar a minha relação com Deus.

A oração não deve ser piedosa. Porém, antes de mais nada, deve ser sincera. Devo permitir que Deus olhe para dentro de todos os abismos do meu coração, devo apresentar-lhe todas as obscuridades, todas as amarguras e todos os enrijecimentos. Isso pode ajudar-me a estar atento ao meu corpo e aos meus sonhos. Tudo isso pode indicar-me em que momento separei alguma coisa de Deus ou em que momento retirei-me para a privacidade. As tensões do meu corpo indicam que não me dou conta de alguma coisa e que não deixo nem mesmo que Deus as veja. Os meus sonhos me dizem que alguma coisa existe ainda de obscuro e não resolvido dentro de mim e também, se existe alguma coisa ociosa que está apodrecendo na minha adega subterrânea, é porque nela não entra a luz de Deus. Na oração, devo abrir a Deus todos os ângulos obscuros e todas as instâncias fechadas da minha morada a fim de que a sua luz e o seu amor possam iluminar e transformar cada coisa. Rezar significa, então, abrir todas as instâncias do meu corpo e da minha alma, da minha consciência e do meu inconsciente para que Deus possa entrar e assim toda a morada da minha vida possa vir a ser habitada e iluminada por ele.

Depois que disse a Deus tudo aquilo que me vem à mente e que aflora dentro de mim em silêncio, então devo procurar dizer-lhe toda a minha verdade. Como estão as coisas verdadeiramente comigo? Qual é a minha verdadeira situação? Quais são as ocasiões nas quais fujo da presença de Deus e estou em desacordo comigo mesmo? O que existe em mim que não vai bem? Não se trata tanto de identificar cada erro em particular que eu possa ter cometido, mas de responder às questões fundamentais da minha vida. O que quero fazer da minha vida? Quando fecho os olhos diante da realidade da minha vida, diante da realidade de Deus? Quando me ocupo somente com desejos e necessidades ao invés de abrir-me para Deus? A oração me obriga a penetrar na verdade. Mas a verdade me tornará também livre; ela me colocará em ordem, me endireitará quando os meus pensamentos e os meus desejos não estão corretos. O encontro com

Deus me conduz à minha verdade, me conduz a mim mesmo.

Para muitos, rezar ou pedir são a mesma coisa. Esta é uma visão certamente muito unilateral. No entanto, também o pedir é uma parte essencial do encontro com Deus. Posso pedir a Deus tudo aquilo que considero ser importante. Pedir significa, antes de tudo, colocar as próprias necessidades e os próprios desejos, dizer a Deus o que me falta e o que desejaria. Necessidades e desejos me pertencem essencialmente, e seríamos soberbos se os ignorássemos ou se os excluíssemos do encontro com Deus. Diante de Deus sou livre para dizer qualquer coisa, também meus desejos e necessidades, meus problemas e dificuldades. E posso pedir a Deus para ajudar-me ou para ajudar as pessoas que estão em meu coração. Rezando, confesso com toda a humildade que necessito de ajuda e que não alcançaria ajuda sem determinadas condições. Confesso, também, que não só Deus é suficiente para mim, mas que tenho necessidade da sua ajuda e que, para mim, são importantes também os seus dons e não somente o encontro com ele. Pedir, portanto, não é somente um modo de resignar-se contra a vontade de Deus, mas, sobretudo, e em primeiro lugar, mendigar por ajuda. Posso confiar no fato que Deus me compreende e que leva a sério os meus desejos e, todavia, ao mesmo tempo, à medida que lhe dirijo os meus pedidos, eu me deixo questionar por ele. Quando lhe exponho os meus desejos com toda a liberdade, já me distancio deles. Eu os exponho a Deus e me deixo colocar em questão por ele. Pedir se torna então uma luta com Deus, ao final da qual está a aceitação da vontade de Deus; posso desse modo dirigir-lhe todas as minhas ideias e meus desejos.

Jesus mesmo nos convida a fazer pedidos e promete que os ouvirá: "E tudo o que pedirdes em meu nome eu o farei, para que o Pai seja glorificado no Filho" (Jo 14,13). Na parábola do juiz iníquo e da viúva, Jesus nos encoraja a rezar sem cessar e a lutar por nossos direitos. E ele promete que Deus nos ajudará: "E Deus não fará justiça aos seus eleitos que o invocam dia e noite? Tardará em ajudá-los? Eu vos digo que em breve lhes fará justiça" (Lc 18,7-8). Temos, pois, o direito à vida e devemos lutar por esse direito também diante de Deus. Todavia, não devemos imaginar que ele realize nossos pedidos de um modo demasiadamente exterior. Deus também pode certamente intervir no exterior e mudar as condições externas. Devemos pedir com confiança que Deus intervenha verdadeiramente, mas, ao mesmo tempo, devemos também entrever que a oração, entendida como encontro com Deus, pode ser já ela mesma uma realização dos nossos pedidos. Na oração, experimento do direito à vida, pois nela nenhum inimigo pode mais exercer seu poder sobre mim. Através da oração, experimento em Deus uma profunda salvação, a qual é mais forte que tudo aquilo que poderia atrapalhar a minha vida. Na oração, sinto não estar abandonado a mim mesmo como a viúva que não pertence a um grupo fechado e não pode recorrer a ninguém, porque até mesmo o juiz não tem nenhum interesse em ajudá-la. Na oração experimento a proteção de Deus, livrando-me das condições externas que exercem poder sobre mim. Contando que Deus possa mudar também as condições externas, em cada oração já posso experimentar uma mudança da minha disposição. Pedir implica sempre duas coisas: pedir a Deus para que ele faça alguma coisa e intervenha, ou que ele mude as condições externas; pode-se experimentar uma mudança no próprio interior quando se reza, pode-se ter uma noção de que, quando se exprimem os pedidos com absoluta fé, nada pode nos causar dano, e, qualquer coisa que possa acontecer, estamos nas mãos de Deus.

O diálogo com Deus pode ser ainda de uma maneira diversa: o lugar da intimidade, no qual confesso a Deus todos os anseios, as ideias, os desejos e as feridas presentes no meu coração. Ter uma relação de intimidade com Deus significa exprimir-lhe realmente todos os sentimentos que tenho dentro de mim e que frequentemente estão escondidos porque eu mesmo tenho medo deles. Então, talvez, aflorem sentimentos por demais infantis, como o desejo por proteção e amor, sentimentos que escondo de mim mesmo porque me machucam e porque, pensando ser já adulto, creio tê-los superado. A oração quer dar-me a coragem de exprimir realmente tudo e de nada esconder; os meus desejos mais profundos e todos os defeitos da minha vida, o meu amor e as emoções do meu coração. Neste caso, as minhas palavras encontram alguns limites. Os gestos podem ajudar-me a exprimir os meus sentimentos mais profundos. Assim, posso cruzar as mãos sobre o peito e expor a Deus o meu íntimo desejo. Um confrade contou que às vezes se esconde debaixo dos cobertores e diz a Deus tudo aquilo que, de outra forma, não teria jamais a coragem de dizer. Assim, ele apresenta a Deus todos os sentimentos que afloram dentro dele, sozinho e à noite, embaixo das cobertas aquecidas. E, às vezes, abraça o travesseiro contra o peito e reza para mostrar a Deus a sua necessidade por amor e ternura. Se encontramos coragem de mencionar e de exprimir diante de Deus aquilo que escondemos de nós mesmos e que diríamos somente ao nosso semelhante como sinal do nosso amor mais profundo, então a nossa vida se tornará mais profunda e intensa. O tédio e a mediocridade desaparecem e nos tornamos mais autênticos e mais livres. Não temos mais medo do nosso próprio coração. O coração começa a pulsar e sentimos que existimos verdadeiramente, que estamos vivos. Viver é bonito, mas por natureza é também doloroso. A intimidade pode existir somente em conexão com a vulnerabilidade. Mas é propriamente isto que nos torna mais vivos e autênticos. Para nós, a oração, de fato, deveria ser o lugar no qual pudéssemos estar em intimidade, onde poderíamos entrar em contato com a nossa interioridade mais profunda em nós mesmos e mostrá-la a Deus. Toda a nossa vida acabaria ganhando com isso e as máscaras cairiam; não haveríamos mais necessidade de ter tantas camadas de proteção que nos envolvam e poderíamos também permitir que os outros se aproximem de nós. E no nosso íntimo sentiríamos o que significa ser humanos: sermos tocados e interpelados no coração, sermos feridos pelo amor de Deus, que nos abre a Deus e aos homens.

4 O silêncio diante de Deus

*D*epois de termos dito a Deus tudo aquilo que aflora em nós, não devemos nos esforçar para procurar por outras palavras. Devemos, simplesmente, sentar-nos diante de Deus e silenciar. A oração se completa no silêncio, como nos diz a doutrina da oração do monaquismo. O silenciar, neste caso, tem dois significados: de um lado, está o escutar e, de outro, o tornar-se um com Deus.

O silêncio como escuta

Depois de termos contado a Deus tudo aquilo que nos preocupa, é preciso cessar com isso. Devemos ter confiança que Deus tenha escutado tudo e que se ocupará com isso da melhor forma possível. Não devemos dirigir-nos continuamente a nós mesmos e utilizar a Deus somente como um ouvinte que não possui o que dizer. A mesma coisa acontece também no diálogo entre duas pessoas. Alguns fazem uso de seus interlocutores como se fossem latas de lixo. Falam deles mesmos, mas não querem ouvir conselhos. Tão logo são contestados em alguma coisa, acham que não nos esforçamos para compreendê-los e que o nosso conselho não leva em consideração a real situação deles, como se nós não fizéssemos ideia de como verdadeiramente as coisas estão indo com eles. Quando me dou conta de que não me levam a sério, na qualidade de interlocutor, torno-me agressivo. Não tenho vontade de servir apenas como lata de lixo; gostaria de encontrar-me com o outro. Porém, eu somente poderei fazer isso caso o outro também me escute. Do contrário, nunca haverá um diálogo. Nunca podemos nem devemos utilizar Deus como uma lata de lixo; devemos dar-lhe a chance de dizer alguma coisa.

Aqui, no entanto, emerge imediatamente a dúvida: como pode Deus dizer-me algo? Como posso escutá-lo? Com efeito, eu não ouço nenhuma voz vinda do céu. Não, não ouço palavras. Porém, quando rezo, me ocorrem pensamentos, e agora posso perguntar-me de onde provêm tais pensamentos. A psicologia diria que tais pensamentos surgem do inconsciente. No entanto, ela não consegue explicar com exatidão por que estes pensamentos surgem precisamente agora. A partir disso, portanto, é legítimo afirmar que Deus se dirige a mim por meio dos meus pensamentos. São os meus pensamentos que se movem em meu cérebro e que podem ser registrados como instrumentos de medição. Porém, é justamente através dos meus pensamentos que Deus fala para mim. Naturalmente, não posso afirmar isto com absoluta certeza. E até poderia responder por mim mesmo: De que modo consigo reconhecer que Deus me fala em meus pensamentos? Os monges distinguem três tipos de pensamentos: pensamentos que provêm de Deus; aqueles que são provenientes do demônio e aqueles que provêm de mim mesmo. Para saber de que pensamentos se trata, devo ser capaz de reconhecer seus efeitos: os pensamentos que nascem de Deus provocam sempre a paz e a serenidade interiores; os pensamentos que provêm dos demônios suscitam, ao contrário, medo e agitação, causando inclusive tensão muscular; e os pensamentos que se originam por mim, me distraem e me tornam superficial. Eles me afastam para longe de mim mesmo e assim me sinto disperso e vazio. Às vezes os pensamentos parecem ser muito piedosos, mas na realidade são provenientes dos demônios, ou, como prefere-se dizer hoje, do próprio superego. Se, por exemplo, enquanto estou rezando, me vem à mente o que fiz de mal, então todas as censuras que me faço e as intenções de punir-me provêm dos demônios e não de Deus. Quando consigo entrever a minha culpa diante de Deus, então a minha atenção se dirige mais ao Deus misericordioso do que à minha culpa. E, mesmo sendo plenamente culpável, ainda me sinto aceito e amado por Deus. Não obstante a minha culpa e o impulso de retomar meus passos, o olhar voltado para Deus provoca a paz interior. Mas, se me atormento porque não sou capaz de perdoar a mim mesmo e à minha culpa, isso ocorre porque entra em cena o superego, uma vez que ele não é capaz de aceitar o fato de não ser assim tão perfeito como gostaria de ser. Nós acreditamos sermos devotos porque provamos um tal desprazer pela nossa culpa, mas, na realidade, não estamos aflitos por ter ofendido a Deus, senão por termos destruído a imagem ideal que fazemos de nós mesmos. Portanto, para saber se Deus me fala através dos meus pensamentos é preciso reconhecer o efeito que tais pensamentos e sentimentos produzem em mim. Quando Deus se dirige a mim, ele me cobre com uma paz profunda e com uma alegria silenciosa.

A questão da origem dos pensamentos é também importante para se tomar decisão na oração. A impressão de se estar fazendo sempre a melhor coisa parece ser certamente piedosa, todavia, ela nasce geralmente do próprio superego. Somos nós mesmos que nos colocamos debaixo desta impressão e exigimos em demasia. Quando, por exemplo, um jovem se encontra diante do questionamento de entrar ou não para o convento, frequentemente lhe ocorre o pensamento de que deverá entrar no convento porque assim poderá servir melhor a Deus. Se depois surgem os medos, então procura repeli-los ao mesmo tempo que reza para ter a força necessária para a vida conventual. Entretanto, muitas vezes surge também uma pressão excessiva e um medo de não estar à altura da vocação. Deus nunca nos pede demais; somos nós mesmos a fazê-lo. Neste ponto seria realmente útil analisar as duas alternativas e com toda calma imaginar as consequências. Como seria se eu estivesse casado por dez ou vinte anos, se estivesse nesse ou naquele trabalho, se tivesse filhos e assim por diante? Que sensação emergiria? Em seguida, devo familiarizar-me com a outra alternativa: como me sentiria depois de dez ou vinte anos caso tivesse me tornado monge ou irmã? Neste caso, devo prestar atenção às minhas sensações e confrontá-las. Deus deseja que minha escolha aconteça justamente ali onde a minha paz interior seja maior. Uma paz maior não significa naturalmente optar pela via mais fácil; significa, ao contrário, escolher o caminho onde eu descubro uma maior harmonia com o meu sentido interior. De fato, Deus se dirige a nós mediante do nosso sentido interior e não mediante argumentos convincentes. Neste ponto, devemos distinguir dois níveis dentro de nós: um primeiro nível, mais superficial, que gostaria que todos os desejos fossem satisfeitos; e um segundo nível, que alcançamos somente se escutarmos dentro de nós em silêncio e se penetrarmos em nosso sentir mais íntimo diante de Deus. Deus nos fala neste nível. E, também, todas as palavras de Jesus, que às vezes nos podem parecer muito exigentes, estão dirigidas a este nível, para nos desafiar a viver uma vida que corresponda ao nosso ser mais profundo. Às vezes, Deus não me dá sinal algum na oração. Então, isto é uma indicação de que o momento oportuno da decisão ainda não chegou; devo pois saber esperar com toda humildade e paciência até que Deus me indique mais claramente qual é o caminho certo para mim.

Deus não nos fala sempre tão frequentemente. Devemos, ao contrário, escutar durante um longo tempo em silêncio até nos tornarmos capazes de sentir o que Deus gostaria de dizer-nos. Apressadamente, gostaríamos de colocar na boca de Deus os nossos próprios pensamentos. Quando ele se cala, nos obriga a perguntar-nos com mais intensidade quem é verdadeiramente este Deus. Ele nos ensina a não embaralhar as nossas próprias fantasias com Deus e com as suas palavras. O silêncio de Deus nos torna mais sensíveis mesmo que nós, em nossa espera silenciosa, não sejamos capazes de perceber absolutamente nada a seu respeito. Santo Agostinho escreve: "O teu servo mais fiel é aquele que não procura ouvir de ti aquilo que quer, mas a querer aquilo que ouve de ti"[7].

O silêncio de Deus nos ensina a escutar aquilo que Deus quer de nós, e isto nos impede de forjar uma resposta sozinhos. O silêncio nos desafia a abrir-nos sempre mais ao mistério divino e a permitir que Deus destrua ainda mais as nossas imagens dele até que estejamos abertos ao verdadeiro Deus. Há fases da oração em que sofremos com a ausência de Deus. Temos a sensação de falar a uma parede vazia e de não obter resposta alguma. Sim, nós temos medo de ficarmos a sós na ora-

---

[7]. SANTO AGOSTINHO, *Bekenntnisse*. Jena. [s.e.], 1921, p. 206 [Trad. de H. Hefele – Tradução brasileira: *Confissões*, 17ª edição, Petrópolis, Vozes, 2001].

ção. Não devemos passar por cima da ausência de Deus com excessiva pressa; devemos, ao contrário, suportá-la. Deus está certamente presente; no entanto, nós fazemos a experiência de sua ausência porque não estamos conscientes de nós mesmos e porque não estamos na verdade. Suportar a ausência de Deus significa, portanto, retornar à verdade diante de Deus, renunciar às próprias projeções e descobrir o Deus totalmente outro escondido por detrás de todas as representações. E significa também que não podemos fazer a oração sozinhos; mas que dependemos da vinda de Deus. É livre decisão dele encontrar-se conosco. É possível que ele espere pelo encontro porque ainda não somos capazes de estar verdadeiramente diante dele. Ele espera até que estejamos prontos para ir-lhe ao encontro. A Bíblia chama esta disponibilidade de conversão (*metanoein*), ou seja, mudança no modo de pensar, retirando os próprios pensamentos da distração e dirigindo-os a Deus. Deus não é um pensamento entre outros muitos pensamentos. E não podemos encontrá-lo se nós ficarmos perambulando com os nossos pensamentos fora de nós. Devemos reter os nossos pensamentos em nosso coração, porque é somente em nosso coração que encontramos a Deus. Suportar a ausência de Deus quer dizer retornar sempre de novo pacientemente ao próprio coração para ali escutar a Deus.

O silêncio como tornar-se um com Deus

Também o silêncio, como tornar-se um com Deus, possui dois aspectos: por um lado, o tornar-se um com o tu de Deus que está à minha frente e, por outro, o tornar-se um com Deus dentro de mim mesmo. O silêncio é, antes de tudo, um modo de tornar-se um com Deus como aquele que volta seu olhar para mim com amor. Todos nós sabemos, por experiência própria, que as palavras podem originar uma comunicação profunda. As palavras podem conduzir os homens diretamente para dentro do mistério de Deus. Os famosos diálogos de Santo Agostinho com sua mãe Mônica e de São Bento com sua irmã Escolástica nos mostram exemplos deste fato. Agostinho mesmo descreve o diálogo com sua mãe. Atinge o ponto no qual o tempo ficou parado e o mistério mesmo de Deus o iluminou. Cada palavra a mais teria destruído este mistério. O silêncio era a reação adequada, a condição mesma para que ambos pudessem alcançar a união entre eles e com Deus. Quando duas pessoas se amam, elas dialogam compartilhando entre si a fim de alcançar uma intimidade sempre maior. Porém, chega o momento no qual uma palavra a mais destruiria a comunhão. Por isso, ambos silenciam entre si, não porque não possuem mais nada para dizerem um ao outro, mas porque querem chegar à união de uma maneira mais profunda. De fato, as palavras encerram sempre o perigo da incompreensão. O silêncio possibilita o tornar-se um sem os limites da palavra, um tornar-se um no coração.

Desse modo, o silêncio como consumação da oração é um silêncio muito pessoal, um silêncio diante e junto a Cristo, um silêncio diante e junto a Deus que me ama. Estou simplesmente sentado e deixo que Deus ou Jesus Cristo olhe para mim com amor. Não devo fazer nada. Devo somente comprazer-me pelo fato de estar simplesmente diante de Deus e deixar-me amar por ele. Certa vez, uma senhora anciã foi ao encontro do metropolita Antônio e se lamentou a ele de não sentir nunca a presença de Deus, por mais que rezasse. O metropolita aconselhou-a a não rezar nas semanas seguintes, mas que deveria, ao contrário, ficar sentada por um quarto de hora sentindo a paz em seu quarto e alegrando-se com isso para, em seguida, continuar a tecer a lã diante de Deus. Depois de um certo tempo, a senhora voltou e relatou o seguinte:

"É verdadeiramente estranho. Quando rezo a Deus, ou melhor, quando lhe falo, não sinto nada, mas, quando estou sentada em paz diante dele, então me sinto envolvida por sua presença".[8]

São Bento interpreta a oração de modo semelhante a uma vida continuamente voltada para os olhos de Deus. Não devemos fazer nada: estamos diante dele e tudo aquilo que fazemos, o fazemos diante dos seus olhos cheios de amor. Isto dá uma outra dimensão à nossa vida. A vida diante dos olhos de Deus que nos ama vem descrita sobretudo no âmbito da literatura monástica, no chamado *louvor da cela*. A cela é o lugar no qual o monge está só com Deus e dialoga com ele incessantemente. Por isso, os monges cunharam esta bela expressão: *cella est coelum*. A cela é o céu no qual vivemos unidos com Deus. A cela é um *valetudinarium*[9], como diz Guilherme de St. Thierry em sua *Epistola aurea*; um lugar no qual encontramos a cura e a saúde em sua presença. É esta presença divina e este permanecer em silêncio diante dele que faz crescer

---

8. METROPOLITA ANTÔNIO. *Lebendiges Beten. Weisungen*. Friburgo: [s.e.], 1976, p. 137.
9. THIERRY, Guilherme de St. "Epistola aurea". *Patrologia Latina* (PL) 184, 324.

também o nosso amor por ele. É um silêncio absolutamente humano, um silêncio diante de Deus e com Cristo. Dá-se ao modo de uma amizade. Permanecendo diante dele, e unidos a ele, estamos ali sem intenção, completamente livres. É suficiente a alegria pela presença do outro. Assim encontramos a tranquilidade em Deus e vislumbramos o silêncio da eternidade.

Os monges celebram sempre de novo esta experiência quando meditam sobre a sua vida na cela. A teologia da cela não é outra coisa do que uma teologia da vida na presença de Deus. O abade Macário define o monge a partir de sua vida com Deus na cela:

"Ele é monge, propriamente, porque dialoga unicamente com Deus dia e noite"[10].

Em outra passagem acrescenta:

> Aquilo de que o monge necessita quando está em sua cela é de recolher o seu espírito dentro de si, afastando-se de todas as preocupações do mundo, sem deixar que com isso se perca nas vaidades deste mundo. Deve

---

10. Apotegma 1764. *Les sentences des pères du dèsert*, 3ª reimpressão, editado por L. Regnault, Solesmes, 1976, p. 58.

orientar-se para uma única meta, dirigindo o seu pensamento sempre e somente a Deus e não conhecer jamais as distrações... deve, ao invés, conservar o espírito e toda a sua sensibilidade voltada para Deus, a fim de realizar a palavra do Apóstolo: de estar próximo do Senhor e completamente livre da distração[11].

Para os primeiros monges, a cela representa a liberdade e a abertura à presença de Deus. Estar na cela significa estar realmente na presença de Deus mesmo, estar realmente próximo do Senhor, como duas pessoas que se amam mutuamente e para as quais é suficiente a presença do outro.

Guilherme de St. Thierry continua desenvolvendo este louvor da cela na sua *Epistola aurea*:

> A cela é a terra santa e o lugar santo no qual o Senhor e o seu servo frequentemente dialogam entre si, como um homem faz com um amigo, e no qual a alma fiel está unida à Palavra de Deus, como a esposa se une ao esposo, como o celestial ao terreno e como o divino ao humano[12].

---

11. ABADE MACÁRIO, 170,7, op. cit., p. 175.
12. THIERRY, Guilherme de St. *Patrologia Latina* (PL) 184, 314D.

A finalidade da cela é, pois, tornar-se uno com o Senhor através de um amor assim tão íntimo, como é possível somente entre amigos ou entre esposos. Para Evágrio Pôntico, a finalidade do espírito monástico e a máxima dignidade do homem consiste nisto:

> O que pode existir de mais elevado do que falar com Deus pessoalmente e de viver plenamente em sua presença? Uma oração que não seja distraída por nada é o máximo que o homem pode alcançar[13].

Para Evágrio, a oração consiste em dirigir todas as forças da alma a Deus, em estar plenamente presente diante de Deus que é presença. É o dom mais precioso que Deus pode dar ao homem. De fato, enaltece o homem para além de sua própria natureza e o torna semelhante aos anjos:

"O homem que reza verdadeiramente é semelhante aos anjos. De fato, ele anseia continuamente em ver seu pai que está no céu" (EVÁGRIO PÔNTICO, 1986: cap. 113).

---

13. EVÁGRIO PÔNTICO. *Über das Gebet*, trad. de J.E. Bamberger e G. Joos, Münsterschwarzach, 1986, cap. 34. Os números presentes em todas as citações a seguir indicam respectivamente um dos 153 capítulos deste livro de Evágrio *Sobre a oração*.

Todavia, para poder rezar verdadeiramente, o homem deve abandonar todas as distrações e voltar toda a sua atenção para a presença de Deus:

"Bem-aventurado é aquele espírito que, rezando sem distração, sente um desejo sempre mais profundo por Deus" (EVÁGRIO PÔNTICO, 1986: cap. 118).

"Quando buscas a oração com profunda atenção, nada te estorva, pois o meio que melhor prepara o caminho para a oração é a atenção. É, portanto, esta última que deves cultivar" (EVÁGRIO PÔNTICO, 1986: cap. 149).

Somente na oração o homem descobre a sua plena dignidade, na qual ele é chamado a estar diante de Deus e a tornar-se um com ele. Ser capaz de rezar sem distração, estar voltado exclusivamente a Deus, encontrar a tranquilidade em Deus, ser um com Deus na parte impassível da alma, é o que há de mais elevado que o ser humano deve alcançar. E, para querer alcançar este fim, deve renunciar a tudo o mais. Neste sentido, Evágrio interpreta de modo diverso as palavras acerca do seguimento de Jesus:

"Vai, vende tudo aquilo que tens e dá o dinheiro aos pobres, toma a tua cruz sobre ti para poderes rezar sem distrações" (EVÁGRIO PÔNTICO, 1986: cap. 17).

Todavia, não nos tornaremos somente unos com o Deus que nos observa e que está diante de nós como um tu, senão também com o Deus que está dentro de nós. É desse modo que isso é visto pela mística e pelo monaquismo primitivo. Para Evágrio, a finalidade da oração consiste na *contemplatio*, no tornar-se uno com Deus no mais profundo da alma. Evágrio sustenta a ideia de que Deus habita a parte impassível da alma. A finalidade da oração é tornar-nos livres de todas as paixões, pressuposto indispensável para poder pregar sem distração:

> Se já Moisés não pôde aproximar-se da sarça ardente até que tirasse as sandálias, por que então também tu não deverias afastar-te primeiramente de todos os pensamentos provocados pelas paixões de modo que tu possas aproximar-te daquilo que está para além de todo pensamento e conceito?" (EVÁGRIO PÔNTICO, 1986: cap. 4).

O primeiro pressuposto da oração pura através do qual me torno um com Deus é a liberdade diante das paixões. Mas, em última análise, trata-se da liberdade diante de si mesmo. Somente se me abandono a Deus então poderei senti-lo na minha mais profunda interioridade.

"Sentes o desejo de rezar? Então despoja-te de tudo e tudo te será dado" (EVÁGRIO PÔNTICO, 1986: cap. 36).

A verdadeira oração é, para Evágrio, um estado de paz imperturbável. Esta conduz o homem "às dimensões mais profundas da verdadeira realidade" (EVÁGRIO PÔNTICO, 1986: cap. 52), e lhe permite tornar-se um com Deus. Mas este Deus não existe exclusivamente do lado de fora de nós; ao contrário, ele está também igualmente dentro de nós. A *contemplatio* é o caminho para a parte impassível da alma, na qual o homem não está separado de Deus pelos pensamentos, sentimentos, imagens ou ideias. Os místicos descreveram esta parte impassível da alma humana através de imagens diversas. Por isso Tauler fala do fundo da alma; Mestre Eckhart fala da pequena centelha da alma; Catarina de Sena fala da cela interior; Teresa fala do aposento mais íntimo do castelo da alma. Deus habita ali e a nada mais é concedido acesso: nem a homens, nem a problemas, nem a pensamentos e sentimentos, nem a preocupações e medos. A oração é o caminho que conduz a este lugar de silêncio interior, a esta habitação plena somente da presença de Deus. Este lugar do puro silêncio está em qualquer um de nós, mas frequentemente está encoberto e esquecido. Por meio da oração nós conseguimos criar de novo um acesso a este lugar. Derrubamos o mundo dos pensamentos e sentimentos, rompemos a casca dos desejos sombrios que se encontram armazenados em nosso coração e penetramos neste lugar de amor e de paz, neste lugar de Deus em nós.

Existem dois modos de rezar: expor a minha vida diante de Deus, contando e submetendo a Deus tudo aquilo que aflora em mim; e omitir o cotidiano, os pensamentos e sentimentos e entrar no lugar habitado somente por Deus. Neste lugar, percebo que rezar é para mim um bem, uma libertação, um alívio. É um lugar vasto, no qual me adentro através da oração. Ninguém me coloca limites. Deus deixa que eu me expanda e que me torne livre e autêntico. E assim entro em contato não somente com Deus, mas, através dele, também com meu próprio núcleo verdadeiro. Em Deus encontro uma nova maneira para chegar a mim mesmo. Então posso responder de modo diverso à pergunta: quem sou eu realmente? Eu não sou somente aquele que é determinado pelo seu passado, pelos seus relacionamentos, pelo seu trabalho e pelos seus sentimentos pessoais; ao invés, sou tocado por Deus, sou imediatamente vizinho dele. Sou aquele no qual Deus mesmo habita. Sim, sou aquele no qual Deus diz a sua palavra, aquela palavra única que ele diz somente dentro de mim. Penetrar no espaço de Deus significa também entrar em contato com o mistério de meu próprio eu e encontrar a mim mesmo. Neste espaço, ninguém possui poder algum sobre mim; ali não me atingem as preocupações da vida cotidiana; ali nem os homens me atingem; pois ali estou sozinho com meu Deus. E as palavras de Santa Teresa, de que "somente Deus basta", se tornam uma experiência que nos faz felizes. Teresa não pretende fazer um apelo moral para que se abandone tudo; ao contrário, ela descreve sua experiência pessoal de ter encontrado tudo em Deus e que alcançar a união com ele é suficiente para satisfazer as suas nostalgias mais profundas. Em Deus o coração reencontra a paz, nele se alarga e pode saborear a felicidade que ele lhe doa. Este lugar, para dentro do qual a oração por fim nos conduz, tem sido descrito de forma mais detalhada pela psicologia transpessoal[14]. É o ponto no qual nós não mais nos identificamos com os nossos problemas; não mais nos definimos a partir do mundo; a partir de nossas atividades; a partir do nosso bem-estar; a partir do nosso interesse ou aceitação; a partir das nossas relações ou do nosso amadurecimento psíquico. Neste lugar,

---

14. Cf. GRÜN, A. *Dimensionen des Glaubens*. Münsterschwarzach: [s.e.], 1987, p. 33s.; além disso, WILBER, K. *Wege zum Selbst*. Munique: [s.e.], 1984.

nos deparamos com a transcendência que está em nós, com o Deus que transcende o nosso eu e desse modo nos conduz ao mistério do nosso próprio ser. Como já não mais nos definimos a partir do mundo, senão a partir de Deus, também o mundo não tem mais poder sobre nós. As pessoas, com suas esperanças e desejos, com seus juízos e condenações, não mais exercem influência sobre nós. No lugar da oração pura, unicamente Deus tem acesso a nós e nos torna livres de todo o poder exterior; também do poder do próprio superego e do poder das nossas esperanças e desejos. Na oração, mergulhamos no fundamento da nossa vida, que é pura graça e não mais mérito nosso; mergulhamos no fundamento que é plenificado por Deus somente e não mais por pessoas nem pelo nosso pequeno eu que quer assegurar tudo. Caso nos deixemos conduzir para este lugar, poderemos vir a pressentir que Deus nos doa verdadeira liberdade e, por fim, nos conduz ao mistério do nosso próprio ser.

Os monges nos falam acerca disso através de muitas imagens pelas quais na oração devemos nos retirar para o lugar do puro silêncio. Assim diz Isaac de Nínive, por exemplo:

Esforça-te para entrar na morada do tesouro que se encontra dentro de ti e assim poderás ver o céu! De fato, uma e outra coisa são o mesmo. Se entrares no teu interior, verás a ambas! A escada para chegares ao reino dos céus está escondida na tua alma. Mergulha para dentro de ti mesmo afastando-te dos teus pecados, pois assim encontrarás ali degraus pelos quais poderás ascender[15].

A oração é, portanto, caminho que conduz à morada do tesouro interior, ao espaço em nós no qual Deus mesmo habita. Toda a riqueza que podemos adquirir está dentro de nós. Através do silêncio e da oração nós devemos voltar-nos para nosso interior e penetrar nesse lugar no qual descobrimos, com Deus, toda a riqueza de nossa vida, o tesouro escondido no campo e a pérola preciosa, pelos quais vale a pena vender tudo o mais.

Para Bernardo de Claraval, o caminho para este lugar interior é ao mesmo tempo o caminho que conduz ao abismo do silêncio divino, no seio do Pai:

---

15. ISAAC DE NÍNIVE. *Ausgewählte Schriften der syrischen Kirchenväter*, trad. de G. Bickell, Kempten, 1874, p. 302.

"Toda a força provém do silêncio. No silêncio nos deixamos cair no seio do Pai e ao mesmo tempo dali somos reanimados pela sua palavra eterna. Descansar nos abismos de Deus significa cura para as confusões do mundo. A paz de Deus tudo pacifica".

Bernardo descreve assim a finalidade da oração: livrar-se de todos os pensamentos perturbadores, mergulhar para dentro do abismo do amor divino e nele alcançar silenciosamente a paz, encontrar a salvação, reconciliar-se consigo mesmo e com o próprio Deus e, através disso, reconciliar-se com o mundo inteiro, torna-se verdadeiramente presente, autêntico, claro e forte, vivo e liberto. Encontrar Deus significa, pois, tornar-se um com ele e ganhar assim uma nova identidade, adentrar no seio do Pai e, unido a Cristo, a Palavra eterna, tornar-se um novo homem. A oração como encontro significa transformação e nova criação do homem desde o Pai eterno.

As quatro fases da oração, como nós as descrevemos, não são certamente um esquema fixo a ser preenchido em todas as orações. Elas indicam uma estrutura da oração e podem ajudar-nos a rezar pessoalmente. Mas pode ainda acontecer que eu pare num determinado ponto e que repita uma fase anterior para, em seguida, atingir de modo renovado a última fase, que é a fase do silêncio. O decisivo é que eu encontre Deus na oração e, no encontro com ele, seja por ele transformado. Somente no encontro com Deus o homem encontra o seu eu verdadeiro e se torna vivo por conseguir atingir o seu ser. Aquilo que Buber disse acerca do encontro com um tu humano vale num grau ainda maior para o encontro com o tu divino. Desse modo, experimentaríamos que toda vida verdadeira é encontro, pois somente no encontro com o tu divino nos tornamos eu e somente diante de Deus e em Deus nos damos conta de quem somos verdadeiramente. Ao lado disso, devemos sempre considerar o fato de que Deus é, ao mesmo tempo, pessoal e suprapessoal, um tu que encontramos e que é a origem de todo encontro pessoal, pura e simplesmente ser, a verdadeira realidade através da qual nós mesmos nos tornamos verdadeiros. Somente quando tomamos parte do ser de Deus e nos tornamos um com ele, somos verdadeiramente e podemos nos tornar um conosco mesmos.

Naturalmente podemos também analisar o encontro entre Deus e nós na oração a partir de Deus. Todavia, devemos estar sempre conscientes do fato de que falamos de Deus de um modo demasiadamente humano (antropomorfismo). No entanto, a Bíblia fala tão humanamente de Deus e também os místicos descreveram sua experiência de encontro como se Deus se alegrasse com a sua oração e a atendesse. Sob o ponto de vista teológico, devemos dizer que Deus não necessita da nossa oração; e que ele basta a si mesmo. Mas, do ponto de vista do amor pessoal de Deus que nos foi revelado na pessoa de Jesus Cristo, podemos também afirmar que Deus mantém uma relação ativa conosco. Ele olha para nós com benevolência e na luz do sol que atravessa o nosso corpo conseguimos vislumbrar o seu olhar. Ele ternamente nos acaricia em nossa respiração que atravessa todo o nosso corpo, e nos envolve com a sua presença na atmosfera que nos circunda. E Deus espera por nós; espera que nos voltemos para ele e que encontremos a salvação no encontro com ele. Deus é simultaneamente aquele que tem o fundamento em si mesmo e que não necessita da nossa oração, porque é suficiente em si mesmo. E, todavia, é também aquele que se alegra quando aceitamos o seu convite e permitimos que nos encontremos com ele na oração. Podemos imaginar o mistério de Deus e o mistério da oração somente se pensamos e experimentamos nestas duas direções ao mesmo tempo. Deus é a origem primeira de todo o ser, onde podemos mergulhar na oração e é também aquele que ama e que espera uma resposta do nosso amor. Podemos encontrá-lo na qualidade de um companheiro e com os mesmos direitos de sermos levados a sério por ele. Podemos dirigir-lhe a palavra e ele a dirige a nós. Inicia-se assim um diálogo de amor, um encontro que nos permite descobrir sempre novas facetas de Deus e de nós mesmos.

PARTE II

OS LUGARES DO ENCONTRO

$\mathcal{D}$epois de termos perseguido as quatro fases da oração como encontro, devemos descrever concretamente os quatro lugares nos quais podemos experimentar a oração como encontro. A primeira parte estava relacionada à oração pessoal, na qual eu não tinha nenhuma intenção particular, colocando-me simplesmente diante de Deus segundo a situação atual. Os quatro lugares descrevem formas diversas da oração, do modo como a tradição espiritual a desenvolveu. Limitei-me aqui a formas que se referem à oração de cada um. Estes tipos de oração possuem uma vantagem. Não me apresento simplesmente a Deus, pois se o faço de algum modo determinado é porque me dirijo a ele para rezar para outras pessoas ou porque pretendo adorá-lo conscientemente como meu Senhor e meu Deus; ou porque escuto a sua palavra na *lectio divina* e lhe respondo através da oração; ou ainda porque procuro exercitar, através de um método determinado, a oração contínua e interior a fim de viver do encontro ininterrupto com Deus.

1 A oração recíproca

Na oração, não encontro somente a Deus, mas também os meus irmãos e minhas irmãs de modo novo. Quando rezo para uma outra pessoa, vejo-a com olhos renovados. Liberto-me dos meus preconceitos e a vejo com os olhos de Deus. Isto faz com que nasça uma nova relação entre nós dois. Na oração, me sinto de um modo profundamente ligado ao outro, de modo que os meus sentimentos estão incluídos, mas ao mesmo tempo estão também separados. Enquanto rezo, alimento novas esperanças pelo outro e, frequentemente, me dou conta do que poderia dizer ou escrever ao outro. A oração traz um movimento para a relação e estimula a fantasia a um encontro mais intenso e renovado.

Rezar pelo outro não significa elaborar uma breve petição, mas, acima de tudo, não significa ditar a Deus aquilo que ele deve fazer pelo outro. Às vezes, nossa oração pelo outro é praticamente uma oração contra o outro. Pedimos a Deus para que o outro finalmente se torne razoável e que entenda o que queremos. Então procuramos manipular a Deus até que realize os desejos que temos em relação aos outros. Todavia, neste caso, não pode realizar-se encontro algum. Rezar pelo outro deveria significar: colocar-se no lugar do outro e ir ao encontro dele com o sentimento. O que deseja, pelo que sofre ele e por quais pensamentos e sentimentos é pervadido quando se encontra sozinho ou quando reza? O que lhe beneficiaria verdadeiramente? Depois de ter ido ao encontro dele por um certo tempo, posso pedir a Deus para que ele lhe agracie com tudo aquilo de que ele necessita e que lhe abençoe. Posso experimentar e desejar o que lhe agrada. Mas, pouco depois, me darei conta de que com as minhas palavras não avanço. Não me surgem na mente outras palavras. Então posso de novo repetir: Senhor, abençoa a ele e a ela. E, fazendo isto, não devo violentar os meus sentimentos. Porém, se sempre de novo volto a repetir: Senhor, abençoa a ele e a ela, também os meus sentimentos irão mudar. Sentirei em mim benevolência para com o outro. E, de modo particular, os meus preconceitos desaparecerão e eu o verei com outros olhos.

Tornar-me-ei mais justo para com o outro. Sinto uma união interna. Nasce uma relação.

Uma imagem que poderia ajudar-me quando rezo pelo outro é a seguinte: imagino-me em conexão com o outro como o estão dois canais de comunicação. Quando inspiro, o amor de Deus se difunde em mim, e, quando expiro, flui para o outro através do canal de comunicação. O amor de Deus que se difunde em mim está para além do sentimento. Não preciso senti-lo, apenas crer nele. Está em mim, no entanto, permanecerá ativo somente se não o guardá-lo egoisticamente para mim, mas se, ao contrário, deixar que continue a fluir. Por isso, às vezes, se forma uma certa resistência em mim. Devo abrir-me ao outro propriamente desta forma? Não tomarei parte de sua confusão interior? Não posso permitir-me de ter uma união com esta pessoa confusa e arruinada, e ser invadido pelos seus sentimentos amargos e venenosos como também pela sua agressividade. Devo-me proteger e me isolar dele. Porém, necessito desta proteção somente se está em jogo uma abertura puramente humana. Mas se imagino que o amor de Deus flui através dos nossos canais de comunicação, então não devo ter medo de ser invadido pelos sentimentos do outro. Devo ter fé no fato de que nasceu uma união salvífica e que o amor de Deus nos atravessa e que pode nos salvar a ambos.

A união da oração está além do entendimento e do sentimento. Ela provém do fundo da alma. Certamente, pode vir acompanhada por sentimentos de benevolência e de amor, mas não necessariamente. O decisivo é que eu, no fundo da minha alma, me abra a Deus e, em Deus, também ao mistério mais profundo da pessoa pela qual rezo. Quanto mais profundamente me abro a Deus, tanto mais ele me abrirá em relação às outras pessoas. No fundo do meu coração encontro também o coração dos meus irmãos e das minhas irmãs. Siddharta experimentou isso enquanto recebeu a iluminação, estando junto ao rio. Ali ele sentiu-se repentinamente uno com todos os homens. Não julgava mais aqueles que se abandonavam aos prazeres fúteis ou que se preocupavam com motivos infantis. Ele sentiu uma unidade profunda com estes "homens infantis", uma paz profunda. Na iluminação, Deus lhe permitiu encontrar a união não somente com o mundo, mas também com todos os homens[16]. A oração verdadeira conduz sempre a um encontro profundo com os homens. Este encontro

---

16. Cf. HESSE, H. *Siddharta*, Berlim, 1923, p. 126s.

pode acontecer rezando e pensando conscientemente, indo ao encontro do outro ou entrando na própria alma para sentir-se unido ainda mais profundamente com todos os homens. A propósito desta última forma de oração, afirma o *staretz* Silvano[17] que ele não necessita ler o jornal para poder rezar para os outros. Na oração, ele sente-se ligado profundamente a todos os homens. Mas, para ele, rezar também não significa qualquer coisa pouco comprometedora. Rezar significa, porém, dar o próprio sangue pelos outros, ir ao encontro do outro com todo o seu amor e com toda a dedicação; sofrer com ele, colocar-se juntamente com o outro diante de Deus e ofertar-se com ele a Deus. Silvano descreve como ele reza cotidianamente pelos seus trabalhadores e como, com a sua oração, cria uma atmosfera na qual os trabalhadores se sentem aceitos, demonstrando assim prontidão para executar bem seu trabalho:

---

17. *Staretz* (plural: *starzy*) quer dizer: "pai espiritual na tradição das Igrejas ortodoxas. Diz-se guiado pelo Espírito Santo. Vive geralmente em mosteiros e sente-se responsável pelos seus filhos espirituais até para além do túmulo. Os *starzy* russos do século XIX surgem como os herdeiros duma tradição monástica ininterrupta, transmitida à Rússia por Bizâncio" (cf. SCHLESINGER, Hugo & PORTO, Humberto. *Dicionário enciclopédico das religiões*. Petrópolis: Vozes, 1985, vol. II, p. 2.426).

Não existe manhã que eu não vá até a minha gente sem antes ter rezado por eles. E meu coração pulsa por eles cheio de compaixão e afeto. Se vou até eles em suas oficinas de trabalho, então caem-me as lágrimas de compaixão. Distribuo a eles o trabalho do dia e rezo por eles por todo o tempo que estarão trabalhando. Vou para a minha cela e rezo para cada um deles em particular. Coloco-me diante de Deus e lhe digo: 'Senhor, pensa também em Nicolau. Ele é ainda jovem. Tem apenas vinte anos. Ele deixou sua aldeia e a esposa, que é ainda mais jovem do que ele, e ambos têm um bebê. Imagina como devem estar tristes porque ele teve de partir. Mas, em casa, não poderiam sobreviver do seu trabalho. Protege a família dele enquanto estiver ausente. Protege a família dele de todos os males. Encoraja o jovem marido para que suporte a situação deste ano e dá-lhe um retorno feliz para casa, dinheiro suficiente e muita coragem para enfrentar as dificuldades...' No início, eu rezava por Nicolau, sua esposa e seu filho, e chorava pela compaixão que experimentava por eles. Enquanto rezava, comecei a experimentar a proximidade de Deus. Esta sensação se tornou progressivamente tão forte, que não conseguia mais pensar em Nicolau, na esposa, no filho e na aldeia deles. Conseguia pensar somente em Deus. A sua presença divina me atirava sempre mais profundamente na direção dele, até que descobri, repentinamente, no coração de Deus que o seu amor circundava com ternura Nicolau, sua esposa e seu filho. Neste momento, comecei a rezar por eles com o amor de Deus, mas fui arrastado de novo para a profundidade, onde encontrei novamente o amor divino[18].

Quando rezo pelo outro, encontro-o de um modo novo e profundo. Sinto-me unido a ele na minha interioridade. Vejo-o com novos olhos. A oração pelo outro transforma, em primeiro lugar, a mim mesmo. Vejo o outro com novos olhos, não mais a partir da minha raiva ou da minha desilusão, e sim a partir de Deus. Assim, renova-se a minha esperança por ele. Desse modo, posso encontrá-lo também na realidade de um modo diverso. Se tive uma discussão com um confrade meu, sinto-me de algum modo bloqueado quando o encontro novamente. Mas se, por outro lado, rezei por ele, posso ir-lhe ao encontro com naturalidade. A oração me transformou e, portanto, tornou possível uma nova comunhão. A oração provoca uma irradiação diferente. Cremos poder esconder os nossos pensamentos negativos nos confrontos com o outro e que basta encontrá-lo aparentemente de modo digno. Na realidade, o outro sente aquilo que emana de nós.

---

18. BLOOM, A. *Schule des Gebets*. Munique: [s.e.], 1972, p. 92s.

A oração transforma esta nossa irradiação sobre os outros. A psicologia transpessoal diria que ela provoca oscilações mais positivas. De qualquer forma que nós quisermos explicar isso, a oração pode criar, em cada nova forma, premissas para um encontro profícuo com meu irmão ou com minha irmã.

No entanto, a oração não transforma somente a mim mesmo, mas também o outro. Também o outro pode encontrar-me de modo diverso se uma irradiação positiva partir de mim. E, além disso, os homens sentem-se aceitos e profundamente unidos a nós se rezamos por eles. Quando acontece que jovens, que tenham participado de um curso em nossa abadia, tomam conhecimento de que a cada manhã e a cada noite rezamos por eles, sentem-se unidos a nós e não se encontram mais sós. Um jovem rapaz relatou-me como lhe havia trazido benefícios quando, a cada manhã, ao levantar-se, refletia sobre o fato de que não despertava num espaço vazio e desconhecido, mas, ao contrário, que se encontrava num lugar impregnado pela oração dos monges. Desse modo, a oração dos monges cria uma união profunda e íntima além das distâncias espaciais. Para muitas pessoas, é importante saber que nós rezamos por eles sempre à mesma hora. Por isso, se sentem apoiados, aceitos e amados. E, através de nossa oração, eles se sentem unidos a Deus e também a nós.

Portanto, a oração tem também um efeito sobre o outro, mesmo quando este não sabe que rezamos por ele. Para o *staretz* Silvano, o mundo existe somente porque sobre esta terra se reza a todo o instante. Não sabemos quem provoca as reais transformações no espírito humano, quem derruba os muros que dividem os povos e os homens, como, por exemplo, nas grandes mudanças na política de paz; e não sabemos se as premissas que provocam estas mudanças provêm das manifestações das praças públicas ou da oração. Pelo menos, podemos confiar no fato de que a nossa oração pelos outros provoca um movimento. Os Atos dos Apóstolos descrevem o efeito da oração, quando, por volta da meia-noite, Paulo e Silas, com os pés amarrados aos cepos, começam a cantar salmos na prisão, e "eis que, de repente, ocorreu um terremoto tão violento que abalou os alicerces do cárcere. Imediatamente, todas as portas se abriram e se soltaram as correntes de todos os presos" (At 16,26). Esta é uma bela imagem do efeito da oração realizada com fé. Vem um terremoto, em nós e em volta de nós alguma coisa entra em movimento. À medida que os muros da nossa prisão criam rachaduras, abrem-se as portas que nos permitem alcançar o outro; o encontro se torna possível, nasce aí uma nova união como afirma Lucas nesta cena noturna da prisão: "Depois ele (o carcereiro) os conduziu para a sua casa, preparou-lhes a mesa e se alegrou com toda a sua família por ter crido em Deus" (At 16,34). A oração derruba os muros entre os homens, abre portas fechadas e nos liberta das correntes que nos impedem de encontrar o outro. Deste modo, a oração cria encontro com o outro e é já em si mesma encontro; é "abertura para o outro", segundo as palavras usadas por Steinbüchel para descrever o encontro (STEINBÜCHEL, 1949: 61).

A oração pelo outro, porém, não conduz somente a um novo encontro com o homem pelo qual rezamos, mas torna também o encontro com Deus mais profundo. Especialmente quando rezo por uma pessoa que eu amo, a oração pode me aproximar ainda mais de Deus, como Silvano o descreveu anteriormente. O outro será então uma imagem através da qual posso olhar para Deus. E Deus assume uma feição humana através do outro. O meu amor por Deus vem apoiado pelos sentimentos em relação à pessoa amada. Às vezes lamento que a minha oração seja tão anêmica. Quero amar a Deus, mas não sinto amor algum. Neste caso, a oração pelo outro pode ajudar que eu me insira no amor a Deus com toda série de sentimentos que possam vir a emergir na relação com uma pessoa amada. Então experimento Deus verdadeiramente próximo como aquele que me abraça com doçura, que olha e cuida de mim com benevolência e bondade. Diante dele posso descansar porque me compreende e ali permaneço com prazer, porque somente ele é verdadeiramente suficiente. Na oração, não devo me esquecer da pessoa que amo; através dela posso ver a Deus que assume, deste modo, uma feição humana, um coração que ama e que é pleno de ternura. E posso levar a cabo meus sentimentos pelo outro e direcioná-los a Deus. Então encontrarei a Deus verdadeiramente com todo o meu coração e como aquele que me ama e que eu procuro amar.

Henry Nouwen experimentou o que significa rezar pelos outros durante uma estada num mosteiro trapista. Rezar pelos outros significa, antes de tudo, purificar o próprio coração para abrir e dar espaço aos outros. Nouwen escreve:

Como posso conseguir que alguém tome parte da minha oração se nela não há lugar adequado onde eu possa estar livre e tranquilo? Se estou sempre cheio de preconceitos, pensamentos invejosos e sentimentos de ira, todo aquele que entrar será ferido. Tive que reconhecer a necessidade de construir um espaço no meu íntimo mais profundo para convidar os outros e poder ajudá-los a curar-se. Rezar pelos outros significa oferecer um lugar de hospitalidade aos outros em que possa verdadeiramente escutar os seus desejos e os seus sofrimentos. A compaixão pressupõe, portanto, um autoexame, que ajuda a alcançar um modo de bondade e de gentileza interior.

Se dentro de mim houvesse bondade e gentileza – se eu tivesse um coração feito de carne e de sangue e não de pedra, um lugar onde se pudesse caminhar alguns passos livremente com pés descalços –, então Deus e o meu próximo poderiam se encontrar ali. O centro do meu coração poderia se tornar o lugar no qual Deus pode escutar a oração pelo meu próximo e pode envolvê-lo com seu amor[19].

---

19. NOUWEN, H. *Ich hörte auf die Stille*. Friburgo: [s.e.], 1978, p. 136.

2 A *lectio divina*

Antes de iniciarmos a falar a Deus na oração, Deus já nos tem falado na palavra da Escritura. Neste sentido, para os monges, a *lectio divina* sempre tem sido o lugar preferido para o encontro com Deus e com Cristo. São Bento dedicava três horas por dia para a *lectio divina*. Os monges liam ou a Sagrada Escritura ou os Padres da Igreja. *Lectio* não significa, todavia, ler para adquirir sabedoria, para obter informações. Trata-se, pelo contrário, de um encontro com Deus, que se dirige a nós por meio da palavra. Na palavra nasce uma imagem daquele que fala e é uma imagem muito pessoal. Na palavra sentimos algo da unidade e da essência íntima de Deus, o qual sempre de novo nos encontra na Escritura e como aquele que nos abre o seu coração. No encontro com Deus encontro a mim mesmo de uma maneira toda nova.

Isto é o que afirma Santo Agostinho na seguinte frase, já tornada clássica: "A palavra de Deus se opõe à tua vontade enquanto não se tornar artífice de tua salvação. Na medida em que tu mesmo fores o teu inimigo, também a palavra de Deus o será. Torna-te amigo de ti mesmo e também a palavra de Deus estará em harmonia contigo"[20]. Trata-se de lutar com a palavra de Deus. Se não a compreendo, é porque eu mesmo não me compreendo adequadamente. Se a palavra de Deus me irrita, é porque possuo uma falsa compreensão de mim mesmo e porque me defino com base nos homens e no mundo e não a partir de Deus. A luta com a palavra de Deus conduz ao encontro de Deus e, portanto, a um novo encontro comigo mesmo. De repente, Deus e a minha própria existência saltam claramente aos meus olhos. Na medida em que compreendo a palavra de Deus, compreendo a mim mesmo de uma maneira toda nova. A palavra não quer, pois, compartilhar informações, senão uma nova compreensão de nós mesmos. Compreender significa sempre uma fusão de horizontes: o horizonte da minha autocompreensão se funde com o horizonte da compreensão exis-

---

20. SANTO AGOSTINHO. Sermão 110,3. *Patrologia Latina* (PL) 38, 637.

tencial do texto[21]. Na medida em que compreendo o texto, compreendo também a mim mesmo e a minha vida de uma maneira toda nova. E, ao interpretar o texto, tomo parte do ser que se explicita no texto; tomo parte, portanto, da verdade e de Deus que resplandece em cada texto como a verdade autêntica que resplandece em todas as coisas. Compreender é já sempre encontro, encontro com o texto e comigo mesmo e, em ambos os casos, encontro com a verdade e, finalmente, com Deus mesmo.

A *lectio divina* é dividida em quatro fases. A primeira fase é a leitura. Leio a Escritura muito lentamente até que uma palavra me atinge. Então permaneço atento a esta palavra. Guardo o livro e deixo que a palavra toque e penetre no meu coração. Esta é a segunda fase, a *meditatio*. *Meditatio* não significa que eu reflita sobre a palavra lida, mas fazer com que ela penetre no coração, ou seja, procurar saboreá-la e degustá-la. Posso também repetir a palavra, repeti-la renovadamente ao coração ou

---

21. Cf. GADAMER, H.-G. *Wahrheit und Methode*. Tübingen: [s.e.], 1964. Tradução brasileira: *Verdade e método*, 2ª edição, Petrópolis, Vozes, 1998, p. 436-458. Confira também, paralelamente, RICOUER, Paul. *Tempo e narrativa*. São Paulo: Papirus, 1997, vol. III, p. 372-391.

perguntar-me: se isto for verdadeiro, então como me sinto? Quem sou realmente? Qual é o mistério da minha vida? *Meditatio* é um degustar, um ver de um modo novo, uma nova autocompreensão e ela é encontro com Deus, saborear a Deus em sua palavra. "Descobre o coração de Deus na palavra de Deus!" É assim que o papa Gregório descreve a meditação sobre a palavra bíblica[22].

Para Guigo, o Cartuxo, que descreveu a doutrina das quatro fases da oração na *Scala claustralium*, a leitura procura *o prazer* de uma vida santa, a meditação o encontra, a oração o invoca e a *contemplatio* o degusta[23].

A meditação penetra no interior da palavra e acende o desejo ardente do coração por Deus. Quanto mais a meditação penetra no sentido da palavra, tanto maior se torna o desejo por ela. Segundo Guigo, a meditação rompe o recipiente de alabastro e inala a doçura do unguento. Ela sente desejo pela doçura e delícia de Deus, mas ainda não o experimenta. Ela sente que o verdadeiro sentir deve emanar de Deus.

---

22. Cit. por EMERY, P.-Y. "Die Meditation der Heiligen Schrift". *Die Gnade des Gebetes*, editado por R. Bochinger, Gütersloh, 1964, p. 70.
23. Cf. GUIGO, O CARTUXO, "Scala claustralium" apud *Patrologia Latina* (PL) 184, p. 475s.

Na terceira fase, a *oratio*, o monge se dirige a Deus e roga para que ele satisfaça o seu desejo. Guigo o faz dizer na seguinte oração: "Meditei por muito tempo no meu coração e na minha meditação se acendeu um fogo e o desejo de te conhecer se tornou cada vez maior (cf. Sl 39,4). Enquanto partes o pão da Sagrada Escritura, na fração do pão adquiro maior sabedoria (cf. Lc 24,30-31) e, quanto mais te conheço, tanto maior se torna o meu desejo de te conhecer, não na letra, mas através da experiência (*in sensu experientiae*)". Deste modo, aquele que medita, reza para que Deus lhe envie pelo menos uma gota do orvalho celeste para abrandar a sua sede: "porque ardo de amor" (Guigo, *Scala claustralium*, in: Patrologia Latina 184, 478). Saboreando a palavra de Deus, entramos em contato com o nosso desejo profundo de conhecer a Deus. Na *oratio*, apresentamos a Deus o nosso desejo e lhe rogamos para satisfazê-lo sempre mais.

A quarta fase é pois a *contemplatio*, o puro silêncio, o rezar sem palavras e imagens, sem pensamento e sentimentos, o puro torna-se um com Deus na profundidade da alma. Eu não posso criar esta *contemplatio* por mim mesmo; ela é sempre um dom de Deus. O monge pode somente exercitar as primeiras três fases; a quarta fase ele deve deixar acontecer em si mesmo. Na oração, ele pode pedir que Deus realize os seus desejos ou, como diz Guigo, pode chamar pelo esposo, uma vez que deve ser Deus mesmo que deve agir. E ele o faz: interrompe o curso da oração e se volta imediatamente na direção daquele que reza, plenificando-o com "o orvalho da delícia celeste"; reaviva e refresca a alma já cansada e sacia o faminto com os seus bens (cf. GUIGO. *Scala claustralium*, apud Patrologia Latina 184, p. 479). Guigo não se cansa de enfatizar a conexão interna das quatro fases. Sem *meditatio*, a *lectio* ficaria ressecada e sem vida; sem *lectio*, a *meditatio*, estaria errada. A oração sem *meditatio* é temerosa e a *meditatio* sem a oração é infrutífera. Portanto, a finalidade é a *contemplatio*, enquanto superação de todos os sentidos e de todos os afazeres, enquanto o tornar-se um com Deus no profundo da alma (cf. GUIGO: 482).

Desse modo, as quatro fases da *lectio divina* conduzem a um encontro com Deus que é similar àquele da oração. E a finalidade é novamente o tornar-se um com o Deus que me falou. A palavra mesma de Deus provoca este silêncio. A palavra me conduz para dentro do divino mistério sem palavras, onde posso tornar-me um com Deus além das palavras. A finalidade da leitura da Sagrada Escritura é o encontro com a palavra de Deus encarnada, com Jesus Cristo. Orígenes fala da *spiritalis intelligentia*, da compreensão através do espírito. Ele "crê no tornar-se Escritura do *Logos* exatamente como crê no seu tornar-se homem. Assim como as naturezas humana e divina se uniram em Cristo por obra do Espírito Santo, assim também na Escritura a palavra humana torna-se una com a palavra divina. A palavra humano-divina da Escritura e a pessoa humano-divina de Jesus Cristo são uma coisa só, o único lugar onde Deus e homem se encontram"[24]. Quando Orígenes se ocupa da Bíblia, interessa-lhe, acima de tudo, o encontro com Deus. Não lemos a Sagrada Escritura para nos tornarmos pessoas melhores, mas para encontrar a Deus. Orígenes desenvolveu a interpretação espiritual ou mística da Escritura pela *lectio divina*. Ela não serve para dar informações, mas para a contemplação. Na interpretação espiritual da Escritura, Orígenes explica todos os acontecimentos e os personagens num nível subjetivo. Tudo é descrição do caminho da alma para chegar a Deus. O êxodo do Egito, por exemplo, vem explicado assim: "O êxodo do Egito é também a parábola da alma que deixa as sombras deste mun-

---

24. HEITHER, Th. "Origines – ein moderner Exeget?". *Erbe und Auftrag* 65, 1989, p. 365.

do e a cegueira da natureza corporal para transferir-se para um outro mundo... a fim de alcançar aquele rio que alegra a cidade de Deus (Sl 46,5) e a fim de receber na outra margem a promessa feita aos pais... Quando a alma sai do Egito desta vida para dirigir-se para a terra prometida, segue necessariamente certas estradas... e passa através de determinadas paragens"[25]. Na *lectio divina*, trata-se de reconhecer e de percorrer o itinerário que a alma percorre em direção a Deus. Em jogo está um encontro sempre mais profundo com Deus para que possamos encontrá-lo um dia na morte desveladamente. Não se trata de tirar conclusões morais da leitura bíblica. Trata-se, ao contrário, de encontrar Deus e, no encontro com Deus, descobrir o desejo que nutrimos pelo encontro definitivo. Se nós mesmos nos orientamos pela leitura da Escritura para extrair novos indicativos morais, acabamos nos equivocando. Em primeiro lugar, a Escritura não nos quer dizer o que devemos fazer e, sim, o que somos, isto é, qual é o mistério da nossa vida. Para a tradição monástica, ler a Escritura significa, antes de tudo, encontrar o Deus que me convoca na Palavra e que abre o seu coração a mim, e no encontro com Deus,

---

25. ORÍGINES. "Das homilias sobre o livro dos Números". *Quellen geistlichen Lebens*. Mainz: [s.e.], 1980, p. 68 [GEERLINGS, W. & GRESHAKE, G.].

encontrar o mistério da própria vida e do próprio eu. A leitura da Escritura não deixa atrás de si uma consciência permanentemente má com reprovações, tais como: "Eu propriamente deveria... eu propriamente precisaria..." Ao contrário, ela abre o coração e nos permite experimentar quem somos verdadeiramente. E faz que nos alegremos a respeito do mistério da nossa vida, porque Deus nos criou tão maravilhosamente e porque fomos regenerados de modo ainda mais maravilhoso depois de termos sido mergulhados no mistério do Deus trinitário.

3 A adoração

𝒰m dos lugares preferidos para o encontro com Deus ou com Jesus Cristo é a adoração. O fenômeno da adoração está presente em todas as religiões. "Adoração é aquela veneração interior ou exterior dirigida exclusivamente a Deus, através da qual a criatura dotada de razão, reconhece a absoluta sublimidade e unicidade de Deus e a sua total dependência dele. É a atitude fundamental de cada homem religioso consciente do mistério que o circunda e que é o fundamento de tudo que é criado"[26]. Na adoração, eu me prostro diante de Deus, porque Deus é Deus. Não tenho a intenção de pedir-lhe nada. Com a adoração também não quero conseguir nada; nem belos sentimentos, nem tranquilidade, nem calma. Na adoração, não falo dos meus problemas, não me glo-

---

26. KRAUSE, U. "Anbetung". *Lexikon für Spiritualität*, p. 40.

rio nem me reprovo; simplesmente me prostro diante de Deus porque ele é meu Senhor e meu Criador. Depois de ter compreendido realmente o que significa ser criado por Deus e ser mantido vivo por ele a cada momento, então não me resta outra coisa senão prostrar-me diante dele que é meu criador e adorá-lo. Na adoração reconheço que dependo completamente de Deus e que todas as fibras do meu ser precisam dele, ou seja, que dentro de mim não existe nada que eu não tenha recebido dele. E confesso que ele é o meu Senhor, a meta do meu desejo mais profundo. Não me resta outra coisa senão prostrar-me diante dele em admiração e adoração.

Na adoração não mais me ocupo de mim mesmo e dos meus problemas; mas, ao contrário, busco olhar somente para meu Deus. Esqueço de mim mesmo porque Deus me tomou totalmente, porque unicamente ele é importante para mim. O paradoxo é que, esquecendo-me de mim mesmo, torno-me presente para mim mesmo, torno-me verdadeiro, totalmente eu mesmo. Os problemas e os homens não mais me interessam porque Deus me preenche completamente. Na adoração está presente o desejo profundo de finalmente libertar-me de mim mesmo, de libertar-me das ocupações constantes comigo mesmo e da ânsia de ver tudo sempre referido a mim mesmo e de querer sempre ter alguma coisa para mim. Esquecendo-me de mim mesmo, torno-me plenamente livre mas cativo de Deus. Agora, nada mais tem importância. Os meus problemas, a minha culpa, o meu estado psíquico não possuem mais importância. Somente Deus conta. Georges Bernanos disse certa vez que aceitar-se a si mesmo é uma grande graça. Sabemos que necessitamos de uma vida inteira para estar em condições de realizar isso. Mas a graça de todas as graças, como diz Bernanos, consiste em conseguir esquecer-se de si mesmo. Se sou capaz de esquecer-me de mim mesmo, então me tornei completamente livre para mim mesmo. E, todavia, não posso fazer isso por mim mesmo, mas somente se Deus me toma para si e se me deixo tomar por ele. Quando Deus se aproxima tanto de mim ao ponto de eu contar unicamente com ele, então a proximidade frequentemente tão importuna das pessoas que querem alguma coisa de mim perde sua importância, e o mesmo ocorre na proximidade das preocupações e dos problemas que me molestam. Quando a presença de Deus impregna cada coisa, não existe lugar para mais nada dentro de mim, nada mais tem poder sobre mim.

Esquecendo a mim mesmo, alcanço a tranquilidade e cessa o rumor dos meus pensamentos e sentimentos. Assim, depois de uma longa procura, cheguei finalmente, ou seja, estou finalmente em casa. Só se pode estar em casa se nos prostramos diante do mistério. A adoração é a experiência de estar em casa. Quando nos prostramos diante do mistério de Deus, chegamos verdadeiramente. A nossa alma se acalma e sentimos que o nosso desejo mais profundo foi realizado; que, finalmente, encontramos aquilo diante do qual podemos nos prostrar. De fato, por toda sua vida, o homem procura aquele diante do qual possa se prostrar e que unifica todas as suas forças e que satisfaça todos os seus desejos e necessidades. A imagem originária de tal modo de adoração é a homenagem dos magos, os quais escutam o desejo de seus corações e seguem a estrela que apareceu no firmamento do coração deles e que se colocaram a caminho para procurar o menino Deus. Seguindo por estradas tortuosas entram finalmente na casa onde possam estar verdadeiramente em casa, na casa onde vivem Maria e a criança. Entram ali e se prostram diante do Menino Deus. Apresentam os seus tesouros: o ouro como sinal do seu amor, o incenso como sinal da sua nostalgia e a mirra como sinal da sua dor. Os artistas sempre representaram os magos como três reis. Um é velho, o outro é jovem e o terceiro é negro. O rei é uma imagem que representa a plenitude e a beleza do homem que reina sobre si mesmo e que não é comandado por ninguém, do homem que é sábio e que conhece os mistérios da vida. O fato de serem três indica que todas as forças dentro de nós encontram o seu fim somente na adoração. O jovem, o velho e também o negro, como representações de nossa própria sombra, devem prostrar-se diante do Menino Deus para serem transformados e libertados.

A adoração não se dá na mente, mas em todo o corpo. O gesto originário da adoração é a *prostratio*, na qual o homem se lança totalmente aos pés de Deus. Porém, também adoramos a Deus quando nos inclinamos ou quando nos sentamos diante dele e lhe apresentamos as mãos abertas. Qualquer que seja o caso, a adoração exige uma atitude corporal. Todas as forças dentro de nós querem estar unidas. O corpo é um auxílio para que também o nosso espírito encontre paz e para que recolha no gesto tudo aquilo que está presente dentro de nós para dirigi-lo a Deus. A adoração significa que estou totalmente relacionado a Deus, que dentro de mim não existem mais instâncias privadas para as quais eu possa me retirar a fim de entregar-me às fantasias diurnas e nas quais não deixo ninguém entrar, nem mesmo Deus. Adoração significa estar totalmente relacionado a Deus, estar completamente em relação com Deus e estar envolto por ele. Nós não devemos ter medo diante de quaisquer pensamentos e sentimentos que estão dentro de nós. O que importa é estar em relação com Deus e inundados por ele. Se cada coisa vem inserida no encontro com Deus, então tudo pode ganhar vida dentro de nós e tudo se transformará. As instâncias que fechamos a Deus estão fechadas também a nós mesmos. Alguns cristãos vivem reservando e trancando muitas instâncias a sete chaves. As suas vidas estão reduzidas, visto que se movem em poucas instâncias de seu corpo. O encontro com Deus na adoração pretende abrir todas as instâncias dentro de nós e fazer entrar o olhar amoroso e vivificador de Deus em todos os recantos.

Em latim, adoração se diz *adoratio*, e significa propriamente: "jogar um beijo com a mão". Adoração consistia pois em levar a mão à boca e jogar um beijo a Deus ou ao adorado imperador. Esta origem mostra que adorar não significa somente prostrar-se por terra e esquecer-se de si mesmo; adoração, porém, é também intimidade. O gesto do beijo que normalmente se dá somente à pessoa amada, é usado também em relação a Deus. O profundo desejo de tocar com doçura a pessoa amada com um beijo é dirigido a Deus. A adoração é, desse modo, um encontro íntimo com Deus: ofereço-lhe os meus desejos e as minhas necessidades mais profundas na confiança de que serão realizados por ele.

Na tradição cristã, a adoração é, acima de tudo, a adoração eucarística, pois adoramos Jesus Cristo presente no pão consagrado. A adoração eucarística nasceu quando, na Idade Média, a festa da Eucaristia perdeu sua importância e significado na religiosidade popular. Como a cerimônia da liturgia se tornara sempre mais incompreensível, o povo procurou uma imagem representativa diante da qual pudesse celebrar a liturgia do coração; e isso diante daquela liturgia clerical para a qual a eucaristia sempre mais tinha sido transformada. O *Liber graduum*, um livro siríaco do século IV, fala de três modos de liturgias: "Na Igreja terrena existe a liturgia visível; no coração, a invisível; e no céu, aquela que é celebrada diante do trono de Deus"[27]. A adoração eucarística

---

27. Cit. por LOUF, A. *In uns betet der Geist*. Einsiedeln: [s.e.], 1974, p. 136. Encontram-se também ali as citações mencionadas a seguir.

satisfaz a necessidade de uma liturgia do coração, na qual cada pessoa de fé pode celebrar a sua liturgia silenciosa, "o sacrifício do coração", "a oração secreta de um coração que está anelado ao Senhor e que se ocupa dele ininterruptamente" (LOUF, 1974: 137). A liturgia celebrada na eucaristia necessita da liturgia do coração. No santuário do coração tocamos o céu, tornamo-nos um com Jesus Cristo. Isaac, o Sírio, escreve:

> Apressa-te para entrar no aposento nupcial do teu coração. Lá encontrarás o aposento nupcial celeste. De fato, os dois aposentos constituem uma só e mesma coisa e, através de uma ou outra porta, teu olhar penetra a ambas. Todavia, a escada que sobe ao Reino está escondida na profundidade do teu coração" (LOUF, 1974: 137).

Manter-se em oração diante da hóstia consagrada não corresponde certamente à compreensão bíblica da eucaristia, mas é uma expressão legítima do nosso desejo de poder estar junto ao Senhor e de tornar-se amorosamente um com ele. A adoração, porém, não deve perder jamais a sua ligação interior com a celebração da eucaristia. É a continuação da liturgia comunitária na liturgia do coração.

A adoração eucarística possui diversos significados. Um aspecto essencial é o olhar. A hóstia e ostensório que a mostra são colocados no centro. A hóstia mesma é redonda. Na medida em que a observo, a circularidade e a totalidade tomam lugar dentro de mim. E o ostensório, estando centrado sobre a hóstia redonda, provoca algo dentro de mim quando eu tenho meu olhar totalmente virado para ela e a observo. A adoração tem algo em comum com o observar. Observo o ostensório e a hóstia consagrada. Não os observo do exterior, mas os vejo ao modo de uma mandala, na qual não existe mais distância alguma entre aquele que observa e aquilo que é observado. As duas coisas se tornam uma só e se fundem no instante do olhar. Assim, o olhar da adoração dirigida a Cristo, presente na hóstia redonda, me transforma.

Esta forma de observar abre a minha visão para toda a realidade. A hóstia é como uma janela através da qual posso ver a realidade da minha vida sob uma nova luz. A transformação que se deu na hóstia é a realidade mais profunda do mundo inteiro. Na encarnação de Cristo, o mundo já está transformado, tudo já está iluminado por sua luz. A transformação se dá em meu coração. A hóstia me mostra a verdade do meu coração. Já não existem mais pensamentos emaranhados e ruidosos, já não existem mais sentimentos de medo e preocupações: existe sim Jesus Cristo, que transformou também o meu coração. Ele é o centro mais profundo do meu coração. Observando a hóstia, reconheço o meu próprio mistério; reconheço o mistério de meus irmãos e minhas irmãs. Não vejo mais os homens através dos óculos das minhas projeções. Ao contrário, vejo-os através dos óculos da hóstia, os quais me mostram nesse Jesus Cristo o seu mistério mais profundo. Em toda pessoa encontro Cristo. Olhando para a hóstia, me é dado descobrir Cristo nos homens. E, desse modo, a hóstia permite reconciliar-me com meus irmãos e minhas irmãs. Ela me dá nova esperança em relação a eles e desperta dentro de mim o amor que cultivo por eles. O olhar para a hóstia também me faz ver todo o mundo de maneira diferente e, através desta, a criação e a realidade política. Em todos os lugares deparo-me com Jesus Cristo como origem mais profunda. O mundo já está transformado, inundado e penetrado fundamentalmente por Jesus Cristo. Observando a hóstia através da superfície das realidades social e política, reconheço o verdadeiro mistério do mundo: Jesus Cristo, o primogênito de toda a criação. "Nele foram criadas todas as coisas, nos céus e na terra, as visíveis e também as invisíveis: tronos, dominações, principados e potestades; tudo foi criado por ele e para ele" (Cl 1,16).

Teilhard de Chardin descobriu na adoração a transformação do mundo através de Jesus Cristo. Ele descreve esta experiência enquanto observava a hóstia num ostensório numa igreja de um povoado:

> Tive então, enquanto fixava a hóstia, a impressão de que a superfície dela ia se desdobrando, como uma mancha de óleo, mas muito mais rápida e luminosamente, é claro. De início eu estava só, pensava eu, percebendo a mudança; parecia-me que a progressão se fazia sem despertar nenhum desejo nem encontrar nenhum obstáculo. [...] Assim, em meio a um grande suspiro, que fazia pensar num despertar e num lamento, o fluxo de brancura me envolvia, me ultrapassava, invadia todas as coisas. E cada coisa mergulhava nele, conservava sua figura própria, seu movimento autônomo: porque a brancura não apagava os traços de nada, não alterava nenhuma natureza, mas penetrava os objetos no mais íntimo, de modo mais profundo que a sua vida. Era como se uma claridade leitosa iluminasse o universo por dentro. Tudo parecia formado de uma mesma espécie de carne translúcida. [...] Então, pela expansão misteriosa da hóstia, o mundo se tornara incan-

descente – parecido, em sua totalidade, como uma grande hóstia[28].

E Teilhard de Chardin reconhece como a luz da hóstia atravessa todo o mundo e o plenifica com o amor de Jesus Cristo, transformando-o:

> De momento em momento, gotas resplandecentes de puro metal formavam-se na superfície interior dos seres e caíam na fornalha da luz profunda, onde se perdiam; e, ao mesmo tempo, um pouco de escória se volatilizava. Uma transformação continuava no domínio do amor, dilatando, purificando, captando toda a potência de amar contida no universo.
>
> Eu podia dar-me conta disso tanto mais que a sua força operava em mim da mesma forma que no resto: *a luminosidade branca era ativa!* A brancura consumia todas as coisas por dentro! Ela não se insinuara, pelos caminhos da matéria, até o íntimo dos corações – ela os tinha dilatado até rompê-los, apenas para reabsorver em si a substância de seus afetos e de suas paixões. E agora que ela os mordera, recolhia invencivelmente, para o seu centro, as camadas deles, carregadas do mais puro mel de todos os amores[29].

---

28. TEILHARD DE CHARDIN, Pierre, *Lobgesang des Alls*. Olten: [s.l.], 1964, p. 54s. Tradução brasileira: *Hino ao universo*. São Paulo: Paulus, 1994, p. 51-52.
29. Ibid. p. 52 da edição brasileira.

Desse modo, a hóstia projeta também a sua luz sobre todo o universo. Através de sua luz, vemos tudo perpassado por Cristo. Cristo é a verdadeira essência cósmica, o seu amor é a verdadeira força motora. "Ele é antes de tudo e o universo tem nele sua consistência... ele é o princípio... porque Deus quer, com toda a plenitude, habitar nele e reconciliar-se, por meio dele, com todos os seres" (Cl 1,17-20).

Para Teilhard de Chardin, a oração silenciosa e feita a sós diante da hóstia consagrada não é nada de estranho ao mundo. Ao contrário, a oração transforma o mundo, desperta para uma nova vida tudo aquilo que nos circunda. É por isso que Teilhard de Chardin escreve:

> Queremos que a atmosfera divina se condense ao redor de nós? Então devemos cuidar e nutrir com empenho todas as forças da unificação, do desejo profundo e da oração que a graça nos oferece. Graças à nossa crescida transparência, a luz divina, que nos incita eternamente, poderá entrar com força maior (LOUF, 1974: 155).

O olhar voltado para a hóstia nos faz reconhecer Cristo em toda parte do mundo. Esta visão nos dá esperança para o mundo inteiro. Observaremos o mundo com os olhos cheios de esperança – não que excluamos tudo aquilo que existe de negativo em vista do nosso otimismo superficial, mas na medida em que olhamos através da hóstia para o verdadeiro fundamento do mundo. Descobriremos assim que Cristo é o fundamento primeiro de todo o ser. Neste sentido, a adoração eucarística não possui um caráter exclusivamente individual. Através dela, vemos a totalidade do mundo, os homens ao redor de nós e o cosmo com os seus inumeráveis astros e sistemas solares. Na adoração, sentimos as batidas do tempo, estamos no coração do mundo, no lugar de comando do cosmo. Na profundidade do mundo vemos a hóstia consagrada e sabemos que ela é a verdadeira origem primeira, o coração de todas as coisas; que sob a superfície dos conflitos e embates, Cristo é o centro e que ele já transformou o subsolo e agora quer penetrar todo o mundo com o resplendor do seu amor divino.

A adoração eucarística é encontro pessoal com Jesus Cristo que está presente na hóstia como aquele que se oferece por nós. Na eucaristia celebramos a morte e a ressurreição de Jesus. Em sua morte, Cristo se entrega por nós e em sua ressurreição ele está presente como aquele que foi ao Pai e ali nos preparou uma morada. Na presença eucarística, Cristo chega à nossa casa vindo da casa do Pai, mas sem deixá-la. Ele nos visita como um enviado do Pai[30]. E dá-se de presente a nós. A hóstia é a imagem de Cristo que se entrega por nós na cruz. A adoração significa encontrar Jesus Cristo, o qual se entrega pessoalmente por mim e que me ama de tal modo que morreu por mim. A adoração é a contemplação silenciosa da entrega de Jesus na cruz e que celebramos na eucaristia. É, em certo sentido, a continuação meditativa da celebração eucarística. No amor de Jesus, palpável e visível no pão, podemos curar nossas feridas porque passamos a olhar de maneira diferente a nossa solidão, o nosso medo e a nossa raiva. Olhamos para aquele que nos ama. Não devemos fazer outra coisa senão olhar. Ocorre o que aconteceu com o camponês que, respondendo à pergunta do Cura d'Ars acerca do que fazia todos os dias na Igreja, disse: "Eu olho para ele e ele olha para mim. Isto é suficiente". Na hóstia olho para aquele que me ama. E Jesus Cristo me olha do alto da cruz, da qual quer atrair todos para si. É um olhar cativante do seu amor,

---

30. Cf. DURRWELL, F.S. *Eucharistie – das österliche Sakrament*. Münsterschwarzach: [s.e.], 1985.

um olhar que atrai e salva, um olhar que permite aceitar-me a mim mesmo, apesar da minha culpa. Também a culpa é envolvida pelo olhar daquele que se entregou por mim na cruz.

Quanto mais olho para Cristo, tanto mais entro em contato com o meu ser. Quanto mais o tu de Cristo se faz presente, tanto mais presente me torno a mim mesmo. Quando olhamos em silêncio o Senhor presente na hóstia, se cumpre aquilo que Martin Buber diz acerca do encontro: eu me torno Tu; no encontro com Cristo, encontro o caminho que me conduz a mim mesmo. Ali o meu coração pode encontrar a paz em Cristo. Ali sinto que me é concedido estar simplesmente diante dele sem ter o dever e a obrigação de nada. Devo simplesmente ser. É bom assim. Basta estar diante dele, sem intenção, como entre amigos. Olho para Jesus Cristo que me ama. Ele me liberta em vista daquilo que está verdadeiramente no centro de mim mesmo e me conduz para a verdade de mim mesmo, de forma que tudo em mim esteja ordenado para o verdadeiro centro, Deus. Tudo aquilo que é estranho e alienado é abandonado quando o olhar se dirige a ele. O verdadeiro ser se ilumina. Entro em contato com o meu núcleo verdadeiro, com a imagem que Deus fez de mim. Assim, na adoração, posso viver o meu desejo pela verdade. Quando volto meu olhar para Cristo na hóstia circular, tudo se torna centrado dentro de mim, tudo se concentra no verdadeiro centro, ou seja, em Deus. Somente em Deus e através dele, encontro o caminho que conduz à minha verdade, a uma verdade que liberta.

A adoração enquanto esquecer-se de si mesmo e olhar puro para o Senhor presente na hóstia, é uma forma concreta da *contemplatio*. A *contemplatio* como puro silêncio diante de Deus pode ser exercitada de muitos modos. Ela pode ser aspirada e alcançada através da repetição de uma palavra da Escritura (*ruminatio*), através da oração de Jesus, através da observação da respiração ou através da descida ao fundo da alma. Ela pode, porém, ser também expressa sob a forma de adoração. A adoração não é, portanto, uma forma secundária da religiosidade cristã, mas é uma forma legítima da *contemplatio*. A necessidade de muitas pessoas procurarem a adoração mostra que a tradição da adoração eucarística agrada e preenche uma faceta das pessoas e que faz bem para elas. A adoração eucarística inclui o olhar para dentro da *contemplatio*. Sendo assim, ela é, para muitos, um caminho seguro para o encontro com Jesus Cristo e, através dele, que é imagem do Deus invisível (Cl 1,15), com o Pai eterno.

Tradicionalmente, a adoração esteve relacionada frequentemente à veneração do Sagrado Coração de Jesus. O encontro com Jesus na hóstia recebe então uma outra conotação. Eu encontro o Cristo de coração transpassado. Cristo se deixou ferir por nós, deixou destruir seu coração, para que nós não nos deixemos destruir em nossa vida. Ele se deixou transpassar por nós para estar acessível a todos nós. "A abertura do coração significa entrega de tudo aquilo que é mais íntimo e pessoal para que todos possam utilizar; desta forma, todos podem entrar neste espaço já aberto e esvaziado"[31]. Estas são as palavras com as quais Hans Urs von Balthasar descreve o mistério do coração aberto. O coração de Jesus está aberto a todos nós. Podemos entrar em sua esfera mais íntima e refugiar-nos em seu amor. A intimidade da adoração, que está presente na palavra adorar (*adorare*), chega à sua culminância na veneração ao Sagrado Cora-

---

31. URS VON BALTHSAR, H. "Mysterium Paschale". *Mysterium salutis*, Einsiedeln, 1969, p. 218. Tradução brasileira: *Mysterium paschale*. Petrópolis: Vozes, 1974 [coleção *Mysterium salutis*, vol. III/6].

ção de Jesus. Trata-se verdadeiramente do amor íntimo de Jesus, o qual nos abre o seu coração para que possamos entrar na sua intimidade e alcançar a salvação.

Coração é uma palavra originária, um arquétipo. De fato, indica a parte mais interior do homem. Um homem tal capaz de sentir e amar. Segundo o Evangelho de João, o coração aberto de Jesus Cristo é a fonte da qual o Espírito Santo vem derramando sobre toda a humanidade. Durante sua vida, Jesus curou somente as pessoas que o viram e que o tocaram e somente a estes mostrou a sua glória. Uma vez morto, a ação de Jesus se estende a todo o universo. O espírito de Jesus é derramado sobre todos os homens que estão dispostos a crer. Todo o Evangelho de João culmina na cena em que o soldado transpassa o lado de Jesus com a lança. Esta é a hora na qual Jesus é glorificado e na qual o seu espírito é derramado sobre todos os homens. Durante as bodas de Caná, seis jarros de água são transformados em vinho. A nossa vida se tornou insípida como a água. Com água não se pode fazer festa. Nada do alto pode irromper em nossa vida. Depois que Deus se fez homem em Jesus Cristo, a nossa vida se tornou vinho e adquiriu um outro sabor porque Deus mesmo celebra as núpcias conosco e se uniu a nós. Sobre a Cruz se abre a sétima jarra que derrama o amor e a glória de Deus sobre todos nós; agora toda a nossa vida é renovada e se torna uma festa eterna da ressurreição. No diálogo com a samaritana, na hora sexta, portanto, na hora em que o coração de Jesus é transpassado, Jesus promete uma água que poderá saciar a sede mais ardente do homem: a sede de vida. E ele, morrendo, derrama esta água dispensadora de vida sobre os homens. Sangue e água brotam do seu lado. É a água do Espírito Santo que sacia a nossa sede, porque é expressão do amor mais profundo de Jesus. Jesus oferece tudo por nós, a fim de podermos viver bebendo da sua fonte. Ele satisfaz também um outro tipo de sede da samaritana: a sede de amor. Ela tivera seis maridos, mas nenhum deles soube serenizar o seu desejo de amor. Jesus é o sétimo marido, o qual é capaz de amá-la verdadeiramente, porque possui um coração que se abre para ela, um coração do qual brota seu amor. Se olharmos para este coração na perspectiva da adoração, então em nosso íntimo também correrão rios de água viva. Foi assim que Jesus nos prometeu: "Se alguém tiver sede, venha a mim e beba. Quem crê em mim, como diz a Escritura, do seu interior brotarão rios de água viva. Isto foi dito referindo-se ao Espírito que estavam para receber aqueles que cressem nele. De fato, ainda não tinha sido dado o Espírito, porque Jesus ainda não tinha sido glorificado" (Jo 7,37-39). O Evangelho de João remete sempre de novo ao coração transpassado de Jesus como sendo a fonte de toda a salvação, a fonte da vida eterna, de uma vida que pode ser descrita adequadamente através dos sete sinais dos seus milagres.

Um provérbio antigo reza: *Cor patet quia patiens.* O coração de Jesus está aberto a nós porque padece, porque suporta a dor. Somente quem está ferido pode amar. Somente um médico ferido pode curar, dizem os gregos. Da mesma forma que Jesus padece por nós, o seu coração está aberto para nós e podemos encontrar a salvação nele. No romance *O final de uma aventura* (*Das Ende einer Affäre*), Graham Greene descreve Sarah como uma mulher que oscila entre o amor pelo marido Henry e o amor por Bendrix, seu amante. Ela não deseja perder nem o marido nem Bendrix. No final, adoece e, durante a enfermidade, reconhece ter errado em tudo, mas também reconhece a possibilidade de um outro amor no coração transpassado de Jesus. Então ela diz:

> Amado Deus, procurei amar e arruinei completamente tudo. Se eu pudesse amar-te, então também saberia como se deve amar os outros. Creio que tu morreste por nós. Creio que tu és Deus. Ensina-me a amar: a minha dor não me oprime. É a sua dor que não posso suportar. Deixa a minha dor continuar, mas cura a dor dos outros. Amado Deus, se tu pudesses descer por um instante de tua cruz e fazer-me subir no teu lugar. Se eu pudesse padecer como tu, então também eu poderia salvar como tu[32].

Graham Greene descreve deste modo o mistério do coração de Jesus. Quando fazemos a adoração eucarística, então este seria o momento no qual poderíamos aprender de Jesus Cristo um amor que pode padecer e ao mesmo tempo salvar. A adoração não é portanto uma ação puramente privada; é, ao invés, um exercício de um amor diferente para com nosso próximo. Neste coração transpassado poderíamos abarcar todos aqueles que estão em nosso coração. E, olhando o coração transpassado, poderíamos

---

32. GREENE, Graham. *Das Ende einer Affäre*. Hamburgo: [s.e.], 1955, p. 106.

abrir nosso próprio coração para que possa amar e salvar as pessoas que encontramos diariamente. A tradição expressou a relação entre a adoração e os homens ao nosso redor com o conceito de expiação. Esta ideia, para nós hoje, torna-se difícil de ser aceita. Mas isto não quer dizer que podemos expiar a culpa pelos outros. Ao contrário, quer dizer que podemos oferecê-los ao amor de Jesus Cristo, ao coração aberto. Ou seja, quer dizer que somente o amor pode salvar e no coração o amor é maior e mais poderoso que toda culpa humana.

No encontro com o coração ferido posso também encontrar uma maneira diferente de lidar com minhas feridas. Naturalmente, eu não gostaria mais de sentir minhas feridas. Quero livrar-me delas. Quero que elas não mais me machuquem. Eu procuro curá-las através de orações ou através de técnicas psicológicas, de modo que não deixem marcas e que as cicatrizes desapareçam completamente. Ao mesmo tempo sinto que isto não funciona porque em tudo ainda experimento dor. Sempre de novo sou atingido nas minhas partes sensíveis e de uma maneira nova as feridas voltam a abrir-se. O coração de Jesus me aponta um outro caminho. Não é tão importante que as minhas feridas cicatrizem; devem, ao invés, ser transformadas. A ferida também pode tornar-se a fonte de vida para mim. Quando aceito a minha ferida, então esta pode tornar-se o lugar no qual Deus sempre de novo volta a tocar-me. Devo, pois, eliminar o impulso que me incita a não querer mais sentir as feridas. Devo senti-las. Devem me fazer mal, as críticas devem ferir-me, mesmo que já tenha compreendido os mecanismos que regem tudo isso. Se, com tudo isso, ainda me resigno sempre de novo a ser sensível, vulnerável e sujeito à doença, então posso experimentar a Deus propriamente nos pontos sensíveis como aquele que me toca, como aquele que me recorda que somente ele é a minha salvação. Assim também aconteceu a Jacó, pois a ferida na coxa – em que tinha sido tocado por Deus – era uma lembrança do seu encontro noturno com ele.

Se prestar atenção à minha ferida, então sentirei uma profunda nostalgia de amor. Se ofereço esta nostalgia ao coração transpassado de Jesus, por certo a dor não desaparecerá, mas ela se transformará num sofrimento que conseguirá curar os outros, como Sarah desejou para si mesma. Nossas feridas não somente podem tornar-se pontos de contato com o amor de Deus para nós, mas também uma fonte de vida para os outros. A questão é: desde onde e com que eficácia pode-se ajudar os outros? Nós os ajudamos justamente ali onde somos fortes e onde lhes damos bons conselhos ou não os ajudamos muito mais quando permitimos que eles entrem em nossas feridas? Se não fico zangado continuamente pela minha sensibilidade, mas se, ao contrário, a aceito, então ela pode tornar-se uma bênção para os outros. Então não me retraio ofendido se faz mal e não me irrito comigo mesmo apesar de sempre de novo sermos vulneráveis, mas, na minha ofensa e na minha impotência, me dirijo a Deus. Deus pode transformar a minha sensibilidade numa fonte de vida, na qual ele me mostra simplesmente para a sua graça, que é a única capaz de salvar-me. Eu experimento a minha impotência, mas experimento também meus irmãos e minhas irmãs. E, desse modo, posso verdadeiramente gritar do fundo de minha impotência e permanecer no amor do coração transpassado junto aos meus irmãos e minhas irmãs. Na medida em que colocamos todos quantos estão em nosso coração sob a proteção do coração aberto de Jesus, podemos reconquistar a esperança por eles. Sentimos que este coração está aberto também para eles e que nos pode transformar a todos nós para que possa entrar nos dias de hoje também em nosso coração aberto e ferido e possa atingir a todos aqueles que não encontram o caminho que conduz ao tabernáculo. A adoração quer transformar-nos. Nós mesmos somos um ostensório, porque Jesus Cristo habita em nós. E devemos carregar este ostensório para o mundo. O ostensório deve mostrar ambas as coisas: a circularidade da hóstia, aquilo que está ligado à perfeição dentro de nós graças a Jesus Cristo, isto é, o amor de Jesus que se sacrifica e salva; e a ferida, que permanece aberta e que pode fazer sofrer e salvar. A oração mais bela que podemos apresentar a Deus na adoração é a oração que três capelães do campo de concentração de Lübeck, pouco antes de serem executados no Terceiro Reich, rezaram: "Senhor, aqui estão as minhas mãos. Coloca nelas aquilo que tu queres. Retira tudo o que tu queres. Conduz-me para onde tu queres. Em tudo se faça a tua vontade". A adoração é um sacrifício a Deus, sacrifício que deve realizar-se concretamente na cotidianidade da vida. Ela é o encontro com Cristo que se sacrificou por mim a fim de que também eu pudesse experienciar o seu amor no sacrifício e o pudesse doá-lo a todos os que esperam por mim.

4 A oração contínua

Na oração, o encontro não é somente algo de instantâneo, nem acontece apenas quando me coloco conscientemente diante de Deus. Pelo contrário, deve transformar-se numa atitude fundamental permanente do homem. A tradição monacal fala da oração contínua ou da oração interior ininterrupta. A finalidade do monaquismo consistia em viver sempre na presença de Deus, em rezar continuamente e em viver constantemente do encontro com Deus. Toda vida deve ser forjada a partir do encontro com Deus. Vivo continuamente diante dele, diante dos seus olhos e ele olha para mim com amor e com benevolência. O encontro com Deus determina toda a minha vida, meu trabalho e meu repouso, meu pensar e meu sentir, meu falar e meu calar. Não vivo jamais fora de relações, mas sempre em relação com meu Deus. Isso não quer dizer que devo pensar sempre em Deus de modo explícito. O encontro é, acima de tudo, o fundo sobre o qual vivo. Ele é semelhante à atmosfera na qual me movimento. Desse modo falou Paulo em seu discurso no areópago: "Nele nos movemos e nele existimos" (At 17,28).

Os monges desenvolveram métodos que podem nos ajudar a viver sempre e em qualquer lugar a partir do encontro com Deus. Trata-se da assim chamada oração interior que está sempre presente dentro de nós e que jamais nos pode ser tirada. Para atingir este modo da oração interior devo pois seguir um longo percurso de exercícios. Para os monges, este percurso de exercícios consistia na oração de uma palavra apenas – a *ruminatio* – que consistia em ruminar ou repetir sempre o mesmo versículo de um salmo ou a mesma oração de Jesus. A oração de Jesus chegou a ser, sobretudo na Igreja oriental, o caminho de meditação por antonomásia[33]. Porém, também na Igreja ocidental, este modo de rezar goza, ainda hoje, de uma grande acolhida e, para muitos, tornou-se uma forma concreta da oração contínua. Consiste em repetir continuamente a fórmula: "Senhor Jesus Cristo, Filho de Deus, tem piedade de mim!" Esta fórmula

---

33. Confira comentário da nota de rodapé número 5, p. 36.

pode também ser abreviada e adaptada de acordo com o ritmo de respiração de cada um. Claro que a oração de Jesus pode ser reduzida somente ao nome de Jesus, a qual pode estar ligada também à expiração.

Os monges veem na oração de Jesus a síntese de todo o Evangelho. Isso é sintetizado no episódio de Bartimeu (Mc 10,47), em que Bartimeu roga a Jesus para curá-lo de sua cegueira: "Jesus, tem piedade de mim!" Isso também pode ser visto no episódio narrado em Lc 18,13, em que o publicano se apresenta humildemente a Jesus e reza apenas assim: "Ó Deus, tem piedade de mim, pecador!" Nesta oração, dois elementos fundamentais são expressos.

O primeiro é a oração pela cura. Trazemos todas as nossas feridas conosco e, na oração, pedimos a Deus que as cure. E, frequentemente, somos cegos. Não queremos ver a realidade como ela verdadeiramente é. Nós fechamos os olhos diante da realidade da nossa vida, diante da realidade do nosso próximo e de todo o mundo. Na oração de Jesus, pedimos a Deus que nos abra os olhos para encontrar a coragem de olhar para nós mesmos e para a nossa vida. A oração de Jesus nos proporciona um novo modo de ver. Vemos tudo sob a luz de Deus e a tudo vemos com os olhos de Deus. Frequentemente, exigimos demasiadamente de nós mesmos quando queremos ver a realidade cara a cara. Somente quando Cristo nos toma pela mão, como fez com Bartimeu, encontraremos a coragem de ver a realidade abertamente. Não devemos mais nos amedrontar diante disso, porque sabemos que Cristo está conosco e nos faz descobrir a verdade do mundo. Podemos ver o mundo na sua autenticidade porque nós encontramos a Deus imediatamente em toda parte.

O segundo elemento fundamental é a humildade do publicano, que não tem confiança em si mesmo e naquilo que faz, mas na misericórdia de Deus. É a plena confiança no fato de que Deus nos aceita assim como somos. Se em minhas orações sempre repito "Jesus Cristo, tem piedade de mim!", esta não é tanto uma oração incessante para que ele se compadeça, mas, pelo contrário, é uma consciência de gratidão por esta compaixão, um agradecimento ao Deus misericordioso. Assim, com o passar do tempo, esta oração produz uma profunda paz interior e uma alegria silenciosa acerca de Deus, diante do qual posso ser assim como sou, também diante da minha fraqueza e da minha culpa. E, desse modo, eu mesmo torno-me mais misericordioso comigo. Já não mais me atormento com blasfêmias e, caso tenha cometido algum erro, apresento-o à misericórdia de Deus. Assim posso reconciliar-me com ele e tornar-me mais misericordioso com meu próximo. Se, durante a escuta de uma confissão, sinto que juízos negativos afloram dentro de mim, a oração de Jesus me ajuda a assumir uma atitude mais misericordiosa em relação aos outros. Desse modo, torno-me mais justo em relação ao seu mistério do que eu seria através dos meus preconceitos apressados. Tais preconceitos fazem com que eu veja o outro somente através das lentes das minhas projeções.

O tom fundamental da oração de Jesus não é uma petição suplicante para que Cristo tenha piedade de mim porque sou assim tão ruim. Pelo contrário, o tom fundamental é muito mais um tom de otimismo e confiança. Por um lado, no nome de Jesus, reconheço o mistério da encarnação. Este Jesus Cristo é o Filho de Deus e nele habita a plenitude da divindade em nosso meio (Cl 2,9). E, por outro lado, quando suplico "tem piedade de mim!", exprimo a minha relação pessoal com Jesus Cristo. A palavra grega *eleison* tem a mesma raiz de *elaion*, que quer dizer "azeite" e, portanto, pede para que Deus derrame a plenitude da sua graça sobre nós. Para a língua russa, a oração de

Jesus tem o caráter de amor e de ternura. "As palavras eslavas *milost* e *pomiluy* possuem as mesmas raízes das expressões que significam ternura e carícia"[34]. Assim, através da oração de Jesus, nós pedimos o seu amor e, ao mesmo tempo, expressamos o nosso amor e o nosso desejo por Deus. Trata-se por isso de uma oração muito íntima, um terno clamor dirigido a quem me ama e é expressão da certeza de que, em Jesus Cristo, o amor mesmo de Deus é derramado em meu coração.

A oração de Jesus aspira confiança de que este Jesus Cristo esteja em mim. Ele não é aquele que viveu num passado longínquo, mas está em mim. Os monges aconselham que, ao inspirar, deixemos fluir a respiração em nosso coração e, na respiração, sintamos a presença de Deus mesmo no coração. Cristo está em mim. Pelo calor que a respiração gera no coração, posso perceber a sua presença misericordiosa e plena de amor. Sentir a respiração no coração alivia a mente, pois ela normalmente, durante a oração, sempre de novo se revela perturbadora e que nos desloca para a intranquilidade com pensa-

---

34. METROPOLITA ANTÔNIO. *Lebendiges Beten* 101; para a oração de Jesus cf. *Aufrichtige Erzählungen eines russischen Pilgers*, editado por E. Jungclaussen, Friburgo, 1975; *Kleine Philokalie*, seleção e tradução de M. Dietz, Einsiedeln, 1956.

mentos sempre novos. No coração acalentado pela respiração, podemos atingir a paz em Jesus Cristo. Nós não o encontramos somente num breve momento, mas permanecemos no encontro. Portanto, a oração de Jesus ajuda a viver continuamente no encontro com Cristo e a viver a partir da relação com ele. O meu coração é tocado por Cristo. Nele sinto o calor. Assim como o amante sente a pessoa amada em seu próprio coração e vive seu dia a dia de um modo diferente, da mesma forma a oração de Jesus gera dentro de nós uma atmosfera de amor, de misericórdia e de benevolência, na qual pode-se viver bem. O espaço no qual vivemos não é frio nem deserto. Pelo contrário, é um espaço habitado por Jesus Cristo, repleto de sua presença amorosa e salvífica e exaladora de sua carinhosa intimidade. Neste espaço vivo sempre do encontro com Jesus Cristo. Nele, o encontro na oração pessoal continua a fazer efeito e determina também as minhas atividades. A oração de Jesus me recorda constantemente para este encontro na oração e me desperta sempre de novo para ele. Assim, toda a minha vida se torna uma vida a partir do encontro. Em tudo aquilo que realizo e penso, estou relacionado a Jesus Cristo, estou unido a ele, estou em casa. O simples fato de viver a partir de e dentro desta relação dá mais valor à nossa existência. Hoje, é sempre maior o número de pessoas que vivem fora desta relação e, por isso, a sua vida vai se fragmentando, porque passam a viver apenas distante do seu eu verdadeiro. Somente na relação com um outro eu também vivo o meu próprio ser. Somente na relação estou em contato também com o meu núcleo verdadeiro.

Quando expiramos, devemos deixar que Jesus Cristo mesmo atravesse todo o nosso corpo, através da nossa respiração. A expiração vai descendo até a região da bacia. Deixamos que o espírito misericordioso de Jesus penetre todos os nossos sentimentos os quais possuem sua sede nos órgãos internos: a raiva e a desilusão, a cólera e a amargura. Devemos também permitir que este espírito entre em nossos instintos, os quais, segundo os gregos, estão localizados na parte concupiscente do homem, ou seja, no baixo-ventre. Quando o Espírito de Cristo flui em todas as partes do nosso interior, então podemos reconciliar-nos com tudo aquilo que se encontra em nós. Assim, a oração de Jesus pode nos plenificar sempre mais de misericórdia e de bondade para conosco mesmos e para com os outros.

Depois de termos expirado, atingimos um breve momento no qual nada ocorre e no qual não inspiramos nem expiramos. Este momento é decisivo, segundo os mestres da meditação. De fato, isto demonstra se sou capaz de esquecer de mim mesmo e me abandonar a Deus ou se permaneço preso a mim mesmo. Se não consigo suportar este momento e pretendo respirar imediatamente, então não sou capaz de abandonar-me em Deus. Este momento precioso do puro silêncio e da pura inatividade é o lugar no qual nos deixamos cair nos braços misericordiosos de Deus, e é ali que descobrimos que toda a nossa existência possui o caráter de um dom. Como diz Isaac de Nínive, a palavra conduz ao mistério sem palavras de Deus. Temos ligado a nossa respiração à Palavra de Deus para não nos distrairmos, mas neste intervalo entre a inspiração e a expiração, abandonamos também esta Palavra. Nós nos deixamos conduzir por ele para dentro do espaço pleno de Deus somente. No entanto, este espaço não é um espaço divino qualquer; ele é pleno do Pai de Jesus Cristo, da misericórdia e da bondade de Jesus mesmo. Para mim, a oração de Jesus é um bom caminho para viver constantemente no encontro com Jesus Cristo e, através dele, com o Pai. É uma palavra familiar que emerge espontaneamente dentro de mim, mesmo quando não tenho consciência dela. Ela me permite estar em casa e me conduz sempre de novo da distração para aquilo que é verdadeiramente importante, ao Pai de Jesus Cristo. E me dá a certeza que Jesus Cristo mesmo está dentro de mim e prossegue junto comigo. Quando a oração está dentro de mim, também Jesus está dentro de mim e comigo. Portanto, vivo constantemente do encontro com ele. Este encontro dá um sabor totalmente diferente à minha vida. Em tudo aquilo que faço existe alguma coisa do amor e da misericórdia de Deus. O encontro faz com que toda a minha vida se transforme numa oração contínua, num encontro com Deus em meu coração. A oração contínua pode acontecer de forma repentina, como muito bem descreveu André Louf:

> Portanto, chega-se à oração da qual já não mais se pode dizer que se reza, porque nos tomou e inundou completamente e, no fundo do nosso ser, não há diferença entre coração e oração. Doravante é o espírito que está a rezar dentro de nós ininterruptamente e sempre mais nos atrai para dentro da sua oração. Quanto mais se é arrastado pela corrente, tanto mais claramente se compreende que esta oração realmente não provém mais de nós mesmos. É, por assim dizer, como se ela se tivesse tornado autônoma (LOUF, 1974: 147).

E Isaac, o Sírio, diz a respeito:

> O cume de toda a ascese é a oração que não tem mais fim. Aquele que a encontra se estabelece em sua morada espiritual. Quando o espírito faz sua morada num homem, este não pode mais deixar de rezar, pois o espírito reza incessantemente dentro dele. Quer dormindo ou estando acordado, a oração estará sempre agindo em seu coração. Quer comendo ou bebendo, repousando ou trabalhando, o incenso da oração se propagará do seu coração por si mesmo. A oração dentro dele não está mais atrelada a um determinado momento; ela não mais se deixa interromper. Mesmo quando se dorme, a sua ação continua, de modo escondido, já que o silêncio de um homem que se tornou livre é em si mesmo oração. Os seus pensamentos lhe são sugeridos por Deus. O mínimo impulso do seu coração é como uma voz que, silenciosa e secretamente, canta para o invisível (LOUF, 1974: 148).

A oração contínua de Jesus conduz a uma vida que continuamente provém do próprio fundamento do encontro com Jesus Cristo. Quando rezamos, o nome de Jesus Cristo mesmo entra em nosso coração e faz dele a sua morada. Esíquio de Batos, um autor medieval bizantino, escreve:

> A invocação ininterrupta de Jesus, unida a um desejo ardente e repleto de alegria por ele, plenifica de beatitu-

de e gozo a atmosfera do coração. [...] A recordação de Jesus e a invocação incessante do seu nome produzem algo que se assemelha a uma atmosfera divina em nosso espírito (LOUF, 1974: 152).

A oração de Jesus desperta forças dentro de mim que até então estavam soterradas sob o peso do meu trabalho e das minhas preocupações. Ela conduz tudo o que está presente em mim para a relação com Jesus Cristo, para a relação com aquele que me ama e que tem um coração para mim, um coração que não condena, mas que se compadece. A meta da vida espiritual é viver constantemente nesta relação amorosa com Jesus Cristo para desse modo encontrar a salvação e tornar-me pleno. Neste relacionamento, nada em mim permanece reprimido ou excluído; pelo contrário, tudo é considerado e relacionado a Deus.

Quando São Bento escreve, ele tem diante dos olhos esta vida contínua a partir do encontro com Deus:

> O primeiro degrau da humildade acontece quando o monge coloca o temor de Deus sempre diante de seus olhos e foge a toda espécie de esquecimento. [...] considere-se o homem como sendo visto do céu a cada momento por Deus e que também suas ações são vistas em

todo lugar pelo olhar da divindade e a ele são comunicadas, a toda hora, pelos anjos[35].

Para São Bento, a vida espiritual é vida na presença de Deus que olha para mim com amor e benevolência, mas também com uma visão crítica e provadora. Somente nesta visão de Deus encontro a mim mesmo e assim a minha vida adquire um outro sabor. Sinto que a minha vida é uma contínua resposta a Deus que olha por mim e me fala. Não vivo em qualquer lugar num espaço descompromissado, mas vivo diante dos olhos de Deus, vivo do contínuo encontro com Deus que é misericordioso e cheio de amor. A oração contínua significa isso. Ela não é uma atividade, mas exercício de uma vida a partir do encontro. A alternativa a esta vida a partir do encontro é a vida a partir da distração. Para os monges, significava uma tentação constante subtrair-se do encontro e da relação com Deus e retirar-se para os espaços privados da sua fantasia, onde se pode passear descompromissadamente e onde se pode sonhar as próprias ilusões.

---

35. São Bento, *A Regra de São Bento*. Petrópolis: Vozes, 1993, cap. 7, 10-13, p. 31.

A vida a partir do encontro, porém, deve ser exercitada de uma maneira muito concreta. Não é um dom natural. Os monges fazem o exercício repetindo sempre a oração de Jesus onde quer que se encontrem e a qualquer momento. Porém, para poder rezá-la sempre, devo, antes de tudo, rezá-la em momentos determinados do dia. Tenho que relacioná-la a determinadas atividades. Por exemplo, quando acordo pela manhã, devo recitar conscientemente a oração de Jesus. Quando saio de casa, quando vou ao trabalho, quando entro numa casa, quando encontro uma pessoa, quando o relógio toca marcando as horas, quando toca o telefone, em todas estas ocasiões poderei recitar a oração de Jesus. Neste caso, as coisas externas seriam sinais de recordação que, com o tempo, me disputam para a própria oração de Jesus. Assim, se as coisas externas me recordam a presença de Jesus Cristo que tem misericórdia de mim, então a minha vida se transformará. Ela já não será mais marcada pelos acontecimentos externos, mas em tudo encontrarei Jesus Cristo. Em qualquer lugar e em tudo aquilo que acontece, vivo então a partir do encontro com Jesus Cristo. E, assim, a partir do encontro com Cristo, eu me confronto com as pessoas e com as situações da vida cotidiana de uma maneira toda nova. Não são então os acontecimentos externos que determinam a minha situação emotiva, mas é Jesus Cristo que eu encontro em tudo. A proximidade de Jesus afasta a proximidade de pessoas ou de problemas frequentemente importunos. Então posso julgá-los de modo que melhor me convém. Não deixo que eles me sufoquem, mas os enfrento através de um distanciamento interior. Os acontecimentos externos não podem mais dirigir-me, porque vivo a partir do encontro com Cristo. A mesma coisa acontece com as pessoas que se amam. Pelo fato de elas saberem do seu amor e de viverem a partir do encontro amoroso, elas não mais se deixam influenciar pelos fatos cotidianos. Pelo contrário, elas se deixam determinar pelo amor. Do mesmo modo, o encontro com Cristo deveria cunhar toda a nossa vida e transformá-la. Cada coisa deveria recordar o gosto da misericórdia e da bondade de Deus. O encontro com Cristo e com o Pai de Jesus Cristo desperta em nós o verdadeiro núcleo para a vida. Torna-nos mais vivos em tudo e nos dá verdadeiramente a vida eterna, uma vida que tem uma outra qualidade do que aquela vida ao nosso redor; uma vida vivida na liberdade e na benevolência, no amor e na alegria. Não somos nós que devemos nos transformar, mas é o encontro com Deus que nos transforma e nos conduz realmente ao nosso verdadeiro ser.

Conclusão

As quatro fases e os quatro lugares da oração, acerca dos quais temos nos ocupado neste breve escrito, não podem e nem pretendem fornecer uma descrição completa do mistério da oração. Seu intento é somente encorajar a percorrer o caminho da oração como o caminho que conduz a um encontro com Deus sempre mais profundo e pleno de amor. Cada qual deve sentir em si mesmo quais são os lugares e as fases da oração que são convenientes para si mesmo. A tradição nos ofereceu estes diversos modos de oração. E, por estes caminhos, muitos homens alcançaram um encontro intenso com Deus e fundamentaram suas vidas a partir do encontro com Deus. É decisivo que nós nos preparemos para o encontro com o Deus que Jesus Cristo nos tem anunciado como o Pai misericordioso e cheio de amor. Deus não é aquele que está distante e inalcançável. Porém, é aquele que quer encontrar-nos. Ele confirmou sua vontade de nos encontrar em Jesus Cristo, uma vez que veio ao nosso encontro para estar próximo de nós. De fato, nós nos tínhamos tornado incapazes de encontrá-lo. Nós estávamos sufocados fechados em nós mesmos e nos dedicávamos somente a nós mesmos. Todavia, ele veio a nós, e é através da oração que nós respondemos à sua vinda. Assim, nós vamos ao encontro daquele que veio ao nosso encontro em Jesus Cristo. A oração não é, portanto, uma atividade que devemos realizar. Entretanto, é o caminho que conduz ao encontro contínuo com Deus. A oração é, portanto, o caminho para uma vida mais intensa e consciente, o caminho para uma vida como aquela que Deus pensou para cada um de nós. Somente após o encontro com Deus pode-se viver uma vida mais autêntica e feliz. De fato, Martin Buber nos diz sempre de novo e com razão: "Toda verdadeira vida é encontro".

Referências

BALTHASAR, H. Urs von (1974). "Mysterium Paschale". *Mysterium salutis*, Einsiedeln, 1969 [Tradução brasileira: *Mysterium paschale*. Petrópolis: Vozes (coleção *Mysterium salutis*, vol. III/6)].

BLOOM, A. (1972). *Schule des Gebets*. Munique: [s.e.].

BUBER, M. (1979). "Ich und Du". *Schriften zur Philosophie*, 1º vol., Munique: [s.e.], 1962 [Tradução brasileira: *Eu e tu*, São Paulo, Cortez e Moraes].

CLAUDEL, Paul (1970). *O sapato de cetim*. Petrópolis: Vozes [tradução de Maria Jacintha; coleção Diálogos da Ribalta, vol. XXXV].

DURRWELL, F.S. (1985) *Eucharistie – das österliche Sakrament*, Münsterschwarzach: [s.e.].

EMERY, P.-Y. (1964) "Die Meditation der Heiligen Schrift". *Die Gnade des Gebetes.* Gütersloh: [s.e.].

EVÁGRIO PÔNTICO. (1986) *Über das Gebet.* Münsterschwarzach: [s.e.], [trad. de J.E. Bamberger e G. Joos, n.34].

GADAMER, H.-G. (1998). *Wahrheit und Methode.* Tübingen: [s.e.], 1964 [Tradução brasileira: *Verdade e método* 2 ed.: Petrópolis: Vozes].

GREENE, Graham (1955). *Das Ende einer Affäre.* Hamburgo: [s.e.].

GRÜN, A. (1987). *Dimensionen des Glaubens.* Münsterschwarzach: [s.e.].

GUIGO, O CARTUXO (s.d.). "Scala claustralium". *Patrologia Latina* 184, 475s.

HEITHER, Th (1989). "Origines – ein moderner Exeget?". *Erbe und Auftrag* 65.

HESSE, H. (1923). *Siddharta.* Berlim: [s.e.].

ISAAC DE NÍNIVE (1874). *Ausgewählte Schriften der syrischen Kirchenväter.* Kempten: [s.e.] [Trad. de G. Bickell]

KRAUSE, U. "Anbetung". *Lexikon für Spiritualität*.

LOUF, A. (1974). *In uns betet der Geist*. Einsiedeln: [s.e.].

METROPOLITA ANTÔNIO. (1956). *Kleine Philokalie*. Einsiedeln: [s.e.]. [Seleção e tradução de M. Dietz]

_____. (1975). *Aufrichtige Erzählungen eines russischen Pilgers*. Friburgo: [s.e.].

_____. (1976). *Lebendiges Beten. Weisungen*. Friburgo: [s.e.].

NOUWEN, H. (1978). *Ich hörte auf die Stille*. Friburgo: [s.e.].

ORÍGINES (1980). "Das Homilias sobre o livro dos Números". *Quellen geistlichen Lebens* (org.) GEERLINGS, W. & GRESHAKE, G. (org.) Mainz: [s.e.].

REGNAULT, L. (org.) (1976). *Les sentences des pères du dèsert*. Solesmes: [s.e.].

RICOUER, Paul (1997). *Tempo e narrativa*. Vol. III. São Paulo: Papirus.

SANTO AGOSTINHO (1928). *Bekenntnisse*, Jena: [s.e.], 1921 [Tradução de H. Hefele – Tradução brasileira: *Confissões*, 17ª edição, Petrópolis: Vozes, 2001].

_____. *Sermão 110,3*. Patrologia Latina 38, 637.

SÃO BENTO (1993). *A Regra de São Bento*. Petrópolis: Vozes.

SCHLESINGER, Hugo & PORTO, Humberto (1985). *Dicionário enciclopédico das religiões*. Vol. II. Petrópolis: Vozes.

SCHÜTZ, Ch (1988). "Gebet". *Praktiches Lexikon der Spiritualität*, Friburgo.

STEINBÜCHEL, Th. (1949). *Christliche Lebenshaltungen in der Krises der Zeit und des Menschen*. Frankfurt.

TEILHARD DE CHARDIN, P. (1964). *Lobgesang des Alls*. Olten: [s.e.]. [Tradução brasileira: *Hino ao universo*. São Paulo: Paulus, 1994].

THIERRY, Guilherme de St. "Epistola aurea". *Patrologia Latina* 184, 324.

WILBER, K. (1984). *Wege zum Selbst*. Munique: [s.e.], 1984.

As Orações da Humanidade
Das tradições religiosas do mundo inteiro

Faustino Teixeira e Volney J. Berkenbrock

Nesse livro de orações a atenção voltar-se-á para as preces que compõem o repertório de singulares tradições religiosas. Mais do que falar das orações, buscou-se deixar falar as orações mesmas e, com elas, a busca e invocação de Deus, do Mistério ou do Fundo de Si, do Buscado e Ansiado. Cada uma das tradições é portadora de uma alteridade irredutível e que veicula dimensões e facetas únicas e inusitadas do mistério do Deus sempre maior.

Através das inúmeras orações apresentadas ao longo do livro, o leitor poderá perceber os traços visíveis de uma hospitalidade larga, que convoca a uma ecumenicidade ampla e verdadeira, animada por intensa profundidade espiritual. Trata-se, acima de tudo, de um convite à abertura inter-religiosa mediante o caminho da espiritualidade, que toca o nível mais profundo do diálogo, já que possibilita o "enriquecimento recíproco e cooperação fecunda, na promoção e preservação dos valores e dos ideais espirituais mais altos do homem." As orações aqui apresentadas são pontes que facilitam a abertura ao mistério domiciliado no humano, que é simultaneamente transcendente e imanente. A diversidade da experiência não impossibilita a familiaridade de uma busca que é comum e que vem expressa numa oração que não se detém diante das diferenças.

Faustino Teixeira *é professor do Programa de Pós-Graduação em Ciência da Religião da Universidade Federal de Juiz de Fora (MG), pesquisador do CNPq e consultor do ISER Assessoria (RJ). Dentre suas linhas de pesquisa destacam-se: Teologia das Religiões, Diálogo Inter-religioso e Mística Comparada das Religiões. É autor de vários livros entre os quais:* Ecumenismo e diálogo inter-religioso, *Aparecida: Santuário, 2008;* Teologia e pluralismo religioso*. São Bernardo do Campo: Nhanduti, 2012;* Buscadores de diálogo*. São Paulo: Paulinas, 2012;* Na fonte do Amado – Malhas da mística cristã*. São Paulo: Fonte Editorial, 2017;* Religiões em movimento*. Petrópolis: Vozes, 2013 (com Renata Menezes – orgs.);* Em que creio eu*. São Paulo: Terceira Via/Fonte Editorial, 2017 (com Carlos Rodrigues Brandão – orgs.).*

Volney J. Berkenbrock *é doutor em Teologia pela Rheinische Friedrich-Wilhelms--Universität, Bonn, Alemanha. É pesquisador das religiões afro-brasileiras, com enfoque especial na experiência religiosa do Candomblé. Professor do Departamento de Ciência da Religião da Universidade Federal de Juiz de Fora (MG), pesquisador do Programa de Pós-Graduação do mesmo departamento e membro do Instituto Teológico Franciscano de Petrópolis (RJ). Linhas de pesquisa de destaque: Religiões afro-brasileiras (com ênfase para o Candomblé); Religiões e Diálogo; História das Religiões. Autor de diversos livros, capítulos de livros e artigos na área de Teologia e Ciência da Religião.*

Conecte-se conosco:

 facebook.com/editoravozes

 @editoravozes

 @editora_vozes

 youtube.com/editoravozes

 +55 24 2233-9033

www.vozes.com.br

Conheça nossas lojas:
www.livrariavozes.com.br

Belo Horizonte – Brasília – Campinas – Cuiabá – Curitiba
Fortaleza – Juiz de Fora – Petrópolis – Recife – São Paulo

EDITORA VOZES LTDA.
Rua Frei Luís, 100 – Centro – Cep 25689-900 – Petrópolis, RJ
Tel.: (24) 2233-9000 – E-mail: vendas@vozes.com.br